Et sur ma peau
se lovent ses mots

Et sur ma peau se lovent ses mots

roman d'alcôve

Ève Winter

REGENT PRESS
BERKELEY, CALIFORNIA
2024

ISBN 13: 978-1-58790-694-7

ISBN 10: 1-58790-694-5

Library of Congress Catalog Number: *forthcoming*

De la même autrice:
— *Arcanes pourpres*
— *Exquises alcôves*
— *La bague au doigt*

Manufactured in the U.S.A.
REGENT PRESS
Berkeley, CA 94705
www.regentpress.net
regentpress@mindspring.com

"Tu es le ciel
Tout le reste n'est que le temps qu'il fait."
— Pema Chödrön

Sans les arbres point de vie
Sans les arbres point d'écrits
Ainsi je dédis ce manuscrit
Aux arbres que tant je chéris

Et en particulier
Symboles chers à mon cœur
Aux lauriers et aux oliviers

Prélude

Je ne devais même pas être là ... me sentais submergée de vague à l'âme – l'expression est pudique à dessein pour adoucir la souffrance encore présente – suite à la disparition très récente de mon père qui vint s'ajouter à tous ces événements forts et traumatisants qui ponctuent la vie de tout un chacun. Pour moi, ils eurent la particularité d'être concis dans le temps et de toucher absolument tous les domaines dont est faite l'existence.

En un an ma vie avait basculé du tout au tout. D'une nature secrète, je ne m'en étais ouverte à personne. Cette amie chère que je connaissais depuis longtemps fut la première à laquelle je confiais ma peine et ma confusion. Son mari ne pouvant assister à la sortie qu'ils avaient planifiée, elle me demanda alors si je voulais prendre sa place pensant ainsi me changer les idées. Voilà pourquoi je ne devais même pas être là... Je serais passée alors à côté d'un autre événement fort et marquant...une aventure amoureuse extraordinaire. Cependant cette histoire fut à la fois tellement empreinte de mystère et de passion de tous ordres qu'il me plaît aujourd'hui de la relater, égoïstement pour la revivre et moins égoïstement pour la partager tant l'échange m'apparaît singulier.

La communication entre les êtres m'a toujours intéressée et passionnée. Dans le monde d'aujourd'hui, bien qu'elle soit toujours autant multiple, il en existe une forme qui devient prédominante: les e-mails ou plutôt les courriels, je trouve pour une fois le mot gracieux dans sa forme francisée. Sans en nier la valeur et la praticité qui en font son succès, j'avoue que j'ai toujours été sceptique quant à cette forme d'échange. Et pourtant ces derniers mois mon ordinateur a joui d'un profond intérêt et d'un plaisir extrême de ma part quant à son utilisation.

Il Lui Cet Homme avaient pris une place prépondérante dans mon quotidien alors que nous nous étions vus quelques heures, avions devisé dix minutes et nous étions regardés intensément toute une soirée, plongeant littéralement dans le regard de l'autre.

Fait étrange car tout à fait inhabituel de sa part, ce soir-là mon amant m'envoya un texto (autre forme de communication des plus inventives) auquel je répondis assez froidement — rare de ma part — lui laissant entendre que j'assistais à une soirée d'exception et ne pouvais le rejoindre. À ce moment-là je me sentais si loin de lui, l'avait-il perçu?

Je me sais impulsive et intuitive mais mon humeur de l'instant ne me poussait guère à la futilité, j'eus donc rapidement la conviction que quelque chose d'importance prenait place. Jamais je n'eus une attraction aussi vive et intense au-delà de l'impact visuel, et ne me reconnus pas, prête à accepter de suivre cet homme sur le champ, là où il aurait décidé de me mener... À la fois ce n'était pas moi et à la fois je me sentais moi auprès de lui. Sensation forte et étrange... qui m'inspira dans la nuit qui suivit, un poème rédigé à cinq heures du matin d'une manière qui ne reflétait pas mon style poétique habituel. Là encore les mots coulaient et glissaient sur la feuille sans que je les pense en conscience. Je réalisais que le style en était syncopé et bancal comme mon sentiment d'alors, le vocabulaire choisi, simple et explicite, et en le relisant aujourd'hui l'ambiance générale, prémonitoire.

Projections

L'aube opalescente s'amusait à
imprimer des ombres chinoises sur
mes murs alanguis
Le jour sourdait à peine
Quelques oiseaux-réveils exhalaient quelques
trilles allègres
Une vague indéfinie pétrie d'envies
soubresauts de vie et de chagrin immense
me dévorait cœur et ventre
Ce matin-là se gonflait de mystères
Il était là depuis peu et pourtant si lourd
de présence Hallucination des sens?
fascination-essence Illusion intense
Ou bien bulle irisée au goût désenchanté
soudain volatilisée.
Ou encore sonate doucereuse bercée de
l'instant
qui rayonne de passion et de
verbes oubliés
Laisser-parler le subtil ignorer le flagrant
S'immoler dans les ombres chinoises et les
trilles allègres présents d'outre-ciel

Je ne savais pas si le contacter ou non, moi seule en avais la décision possédant ses coordonnées. Je réfléchissais donc à une prochaine entrée en relation avec lui, et cette hésitation était due uniquement à la crainte que mon état d'âme et d'esprit de l'instant, compte-tenu de cette spirale événementielle, ne me mena sur une pente que ma fragilité ne pourrait endurer. Le terme "fragilité" est quelque peu inexact mais le vocabulaire n'est pas assez élaboré tant mon ressenti était et est toujours inexprimable.

Trois jours après notre rencontre, craignant que si je tardais trop il ne m'oubliât, j'affirmais ma prise de décision en lui envoyant mon premier courriel loin de me douter qu'il serait suivi d'une centaine d'autres au bas mot.

Pianissimo

J'y donnai force détails quant au lieu et à ma personne pensant vraiment qu'il aurait oublié cette soirée et ne m'attendant à aucune réponse. Et pourtant…

"Quel plaisir, Liz, que de vous retrouver si vite! J'ai beaucoup regretté votre prompt départ de Tosca. On ne croise pas tous les jours une spécialiste à la fois de Cicéron, de Lao Tseu, de Cervantes et de Giraudoux! N'ayez crainte, je crois en votre sincérité linguistique. I do look forward to hearing from you soon. Yours all, dear. "

"En attendant de vos nouvelles. Bien à vous, très chère."

Le ton enjoué visiblement "emballé" ainsi que les derniers mots et également le fait de recevoir une réponse aussi prompte me séduisirent dans tous les sens du terme. Ainsi peut-être…

Je me sentis immédiatement à l'aise dans mes facultés d'écriture et de confidences. J'ébauchais donc celle que j'étais. Cependant assez rapidement la conversation électronique prit une tournure que je n'envisageais pas mais qui me plaisait diablement.

"Mais de grâce, ne vous dépréciez pas! On ne voyait que vous, à Tosca, vous l'avez perçu, je l'espère..."

De par mes origines: sang mêlé d'aristocratie sicilienne, de gitane et de viking, je suis un brin fière et aime pratiquer l'art de la réplique et du répondant avec un certain mordant. Aiguillonnée par le "Ne vous dépréciez pas", je cherchais un moyen de convaincre du contraire bien que ne disposant que d'un outil imparfait, aussi perfectionné soit-il: un écran d'ordinateur qui reflète la pensée à l'aide d'un code mais pas vraiment la profondeur, que seuls le regard et l'expression peuvent illustrer.

Le regard... Alors me vint cette idée de remplacer mes propos par une image parlante. Mon visage sur lequel on pouvait lire l'assurance et la confiance en soi dont je fais preuve désormais pour contrer "la dépréciation". Cette photo fut prise peu longtemps après un choc émotionnel extrême, de ceux qui transforment votre vie et votre regard sur l'être humain, et mon regard exprimait bien tout ce que je pensais alors: "Je survivrai et je suis encore plus forte et plus déterminée. Personne ne peut m'anéantir..."

J'avais passé outre sur le détail de la coupe de la robe que je portais, qui laissait entrevoir un décolleté mettant en valeur ma poitrine. Cela c'était pour répondre à la première partie du texte. L'autre partie me piqua aussi mais je n'y fus pas indifférente alors bien plus tolérante...

Je me suis rendu compte récemment que

décidément cette robe noire avait une histoire puisque je l'avais achetée en réponse à mon amant lorsqu'il avait qualifié le choix de mes vêtements, bas et collants de "provocant". J'avais alors, au beau milieu du chic restaurant dans lequel nous avions rendez-vous, enlevé ma veste avec emphase, dévoilant mon décolleté. Et à la suite de son regard incrédule et extasié sur mes seins, j'avais laissé tomber: "La provocation c'est ça!"

Quelques heures après mon écran afficha:

"De fait, vous méritez la photographie, et le noir (et blanc) vous sied si bien! De vous encore, des mots et des images, please! Yours all."

Très sensible aux subtilités langagières, le jeu de mots me conquit. C'est un art de finesses qui me réjouit pleinement. Quelques doutes quant à la formulation finale: politesse galvaudée ou mots personnalisés?

Puis:

"Je ne me lasse pas de vous contempler."

Le compliment à l'écrit possède un impact bien plus puissant que le compliment oral qui selon le cliché s'envole. Il peut être lu et relu, siroté et savouré. Et affirme sa présence, "mais oui il m'a bien dit ça".

Bien qu'être courtisée, et ceci dit sans prétention, est un jeu que je maîtrise bien, cela s'avérait être la première fois où j'étais "draguée" à l'écrit en prise directe, avec une possibilité voire une demande implicite de réponse. Et tout cela de façon abstraite, virtuelle, platonique car seul l'écrit titillant la pensée était impliqué et non pas les regards et les gestes qui explicitent l'intérêt sexuel.

Intérêt sexuel ainsi manifesté:

"L'insolence du regard m'avait d'emblée frappé, et conquis. Non pas le regard seulement, toutefois, même si vous souteniez le mien, effrontément de fait. L'allure, la posture, l'audace, et aussi, surtout, la conscience de soi, assumée. En pied, de grâce, les prochaines photos! À vite."

J'étais parvenue à mes fins, il convenait de mon tempérament "loin de se déprécier". Toutefois je commençais à être surprise par l'acuité extrêmement juste et avérée dont il faisait preuve à mon égard après à peine une semaine de correspondance. C'est à mes yeux un homme vraiment brillant et doté d'une très grande finesse d'esprit: déjà beaucoup, avoir en plus une intuition de l'autre à ce point était sidérant. Sans doute sa sensibilité exacerbée d'artiste talentueux pouvait expliquer cette aptitude.

Et bien malgré moi, la docilité n'étant pas à vrai dire une de mes caractéristiques (sauf avec lui dois-je reconnaître aujourd'hui) je pensais à sa requête: des photos en pied...

"Combien je puis comprendre votre vertige narcissique, ce miroir que vous vous tendez, et partagez avec de rares élus! (Au fait, pourquoi moi, qui contrairement à vous, doute fort de lui-même?) Vous me répondrez à nouveau, n'est-ce pas?"

Et j'ai répondu:

"Qu'est-ce-qui dans la vie définit une rencontre, un échange de regards, une indicible attraction? Multiples réponses mais entier mystère... Et c'est heureux.

Pourquoi vous? D'abord il faut savoir que lorsque je parlais de noblesse en ce qui me concerne, j'entendais le fait que pour moi l'argent, le pouvoir, la notoriété ne m'aliéneront jamais et ne m'impressionnent pas. J'aime ma liberté, j'aime être en accord avec moi-même, je n'attends rien, je ne cherche rien. Ma vie est certes extrêmement difficile mais contrairement à beaucoup, je la mène à mon rythme, ne dois rien à personne et me respecte.

Pour qu'un homme me touche il faut d'abord qu'il me touche et soit le meilleur à mes yeux et non à ceux de la société. Mes valeurs ne sont pas partagées, notamment par la majorité des femmes.

Qu'ai-je perçu en vous? Difficile de le définir, mais forcément quelque chose. Vous le savez maintenant je ne triche pas. J'aime le partage, j'aime la symbiose, ai-je ressenti des points communs entre nous? Je vous connais si peu! Votre insistance empreinte de délicatesse m'a plu. Ai-je répondu de manière satisfaisante à votre question?"

"Idéalement. Ne changeons rien et poursuivons l'échange, voulez-vous Liz?"

Piano

Alors pour lui plaire, rien que pour lui et absolument pour lui, obéissant à je ne sais quel diktat je n'eus de cesse que de le combler. Le moindre de ses désirs m'apparut primordial et essentiel... Jamais je n'avais connu une telle, oserais-je le mot... soumission, moi femme-rebelle s'il en est, je ne comprenais absolument rien à ce qui se passait en moi excepté le fait que j'étais heureuse d'agir ainsi un peu comme une chenille qui prépare son cocon sans avoir la moindre idée de son avenir, juste par pur instinct...

N'existaient alors pour moi que ses mots et ses désirs. Je n'analysais rien de mes sentiments, je savais juste que moi l'indépendante incontestée j'étais devenue "addicte" de tout ce qu'il m'écrivait:

"Délicieux narcissisme! Vous êtes belle, provocante, éprise de votre ligne — j'aime ce mot —, artiste, très consciente de votre séduction. Le noir vous sied, et la sophistication, tellement! Hâte de découvrir le fruit de cette nouvelle séance de pose. A qui destinée, sinon à vous-même, et à moi? Certain soir à Tosca, vous avez croisé pour moi seul vos longues jambes affinées encore par les escarpins. N'est-ce pas? Et combien j'ai vibré. Je vous attends..."

La limite fut dépassée, trop d'émotion: surtout ne pas se laisser faire, la rebelle darde son arc... Trop d'assurance mais aussi trop de vérité. Inacceptable! On ne peut être perçue ainsi après une dizaine d'e-mails... Pour qui se prenait-il?... Pour ce qu'il était vraiment... Trop dérangeant alors nié. Et le vocabulaire choisi: "pour moi seul", "vibré", "Je vous attends". Un dragueur puissance dix mille! Soit, mais... comment résister à

:

"Dear, dear Liz,

More than happy to hear from your complex and attractive self. I swear, I will reply amply soon. Yours all. "

"Chère, chère Liz,

Avoir des nouvelles de votre personne à la fois si complexe et si attrayante me rend plus qu'heureux. Je le jure, je répondrai longuement bientôt. Bien à vous, totalement."

"Dearest Liz

Please consider yourself an inspirating piece of art, and do accept from a photographer, to take advantage of your more than breathtaking figure. Provided she looks at you for what you are, a sensitive person, no doubt the artistic output will be deeply moving.

Answer me whenever you're able to.

À très vite."

"Très chère Liz

S'il vous plaît considérez-vous comme une œuvre d'art inspiratrice, et acceptez d'une photographe

qu'elle mette en valeur votre corps beau à couper le souffle. Acceptez qu'elle vous perçoive telle que vous êtes, quelqu'un de sensible, aucun doute alors que le rendu artistique en sera émouvant.

Répondez-moi lorsque vous en aurez l'opportunité.

À très vite."

"I actually LOVE your words and hints. They require a full and extensive comment. I keep smiling while I read and read your comments, I keep dreaming as I gaze at your irresistible figure. Let me get back to you at length, as soon as I can spare some extra personal time. Let's keep in close touch."

"J'AIME vraiment vos mots et vos réflexions. Ils requièrent une forme de pensée complète et étendue. Je souris encore et encore lorsque je lis et relis vos écrits, et je rêve lorsque je contemple votre irrésistible physique. Laissez-moi, lorsque j'aurai quelques moments de liberté, vous répondre amplement. Restons en étroit contact."

...sans un sentiment... Personne avant lui n'avait su comme ça...

Pire encore, l'impression d'être nue corps et âme entre ses doigts, entre ses mots... Il me connaît depuis toujours...

"Dearest Liz,

It is amazing how far you seem aware and conscious of yourself. And I understand your male relationships haven't been so successful so far. Maybe

you impress the miserable ones too much!"

"Très chère Liz

Il est surprenant de noter combien vous êtes consciente et lucide de ce que vous êtes. Et je perçois que vos relations avec l'autre sexe n'ont pas été pleinement réussies jusqu'alors. Peut-être impressionnez-vous beaucoup trop ces pauvres hommes!"

Si vrai! Ou encore:

"Liz dear,

Not wrong, your perception of my character. Maybe, we guess each other accurately. You're not provocative, you're just immensely sexy and attractive and lovely, a mere fact the documents you gracefully attached to your last email demonstrate fully."

"Liz chérie,

Pas inexacte votre perception de ma personne. Peut-être nous devinons-nous avec acuité. Vous n'êtes pas provocante, vous êtes simplement immensément sexy, attirante et adorable, ce que démontrent pleinement les élégants documents que vous avez joints à votre dernier e-mail."

"I just got three messages from you: delightful. Your intimate feelings glide through..."

"Je viens juste de recevoir trois messages de vous: délicieux. Vos sentiments intimes m'ont transpercé..."

Encore une fois comment résister au style, à la

pensée évoquée à propos de nous. Une des premières fois ébauché ce concept du nous qui me touche tant...

Mezzo piano

Puis sont nés les premiers accrochages qui ont donné lieu à une prise de conscience: impossible qu'il disparaisse!

"I thought of you as an utterly independant character: we exchanged glances at first (thank you, Mr Sinatra!), then words. Was it going too far for you? I would have thought not. But we can come to an early end: just say so, I am not the insisting nasty kind. It's up to you, dear. The best, all the same."

"Je vous pensais d'une indépendance extrême: au début nous échangeâmes des regards (Merci, Monsieur Sinatra!) puis des mots. Est-ce-que c'était aller trop loin pour vous? Je ne l'aurais pas imaginé. Mais nous pouvons en rester là prématurément: il vous suffit juste de le dire, je ne suis pas du genre pesamment insistant. La décision vous appartient, chérie. Tout le meilleur en restant totalement le même."

Puis la réconciliation avec une pointe d'humour-vérité qui me fit sourire...

"You are the crazy irresistible impulsive kind, you know that. I love it, and your décolleté too, I admit. You CAN NOT blame me for that, can you? By the way, you're some sort of an artist, too. So am I.

What's next?"

"Vous êtes de la trempe des impulsives irrésistibles, vous le savez. J'aime ça, ainsi que votre poitrine, je l'admets. Vous NE POUVEZ pas m'en blâmer n'est-ce-pas? Par ailleurs, vous êtes aussi une artiste. Moi également.

Quelle est la suite?"

"I guess my dreams will all be Liz-obsessed. Let's assume it's a true delight. Your figure is sheer beauty."

"Je pense que mes rêves vont tous être peuplés de Liz de manière obsessionnelle. Prenons-le comme un véritable délice. Votre corps est pure beauté."

"I wish I could kiss your smile, to provide me with self assurance and delight. I swear I'll get back to you more extensively as soon as I can. Best thoughts and gestures."

"Je souhaiterais pouvoir embrasser votre sourire afin qu'il m'apporte confiance en moi et délectation. Je le jure, je vous réponds de façon plus étendue dès que cela me sera possible. Mes meilleurs pensées et égards."

Je craque!!!!!! Il me remue le cœur avec ses mots alors:

"Le voile de mousseline transparente dont je me drape afin de vous offrir cette autre image de moi sera réalité aujourd'hui pour mes photos.

Votre écrit fut encore caresse...

Beaucoup de douceur,

Liz"

A ce moment de l'échange bien que j'eusse aimé qu'elle existât, sa sincérité devint accessoire; écrire et recevoir une réponse ou lire et concocter une réplique me suffisait amplement. Cela entrait en vibration avec ce que je chérissais le plus: écrire, lire, aimer et voyager en vrai et...en pensées...

Une question cependant: des propos d'une telle teneur pouvaient-ils prendre naissance sans être nullement auréolés ne serait-ce que d'un simple halo de sincérité? Faire confiance et croire l'autre j'avais bien du mal et ce n'était pas seulement avec lui... Peu importait, j'aimais tant ce qui se passait.

" 'Caresse': I go for this word you picked up for me. A poem. And a gesture. I care for them both. So do you, dearie."

" 'Caresse': Je prends ce mot que vous avez choisi pour moi. Un poème. Et un geste. J'aime les deux, vous aussi chérie."

Oui c'est vrai j'aime tant les poèmes et les caresses, les prodiguer et les recevoir... Comment le sait-il avec autant d'autorité?

Premier échange érotique, il fut fluide sous ma

plume, terme désuet désormais, sous mon clavier donc:

"Elle était femme et savait d'instinct que d'être femme c'était la différence suprême à transcender, l'essence de l'unicité pour atteindre l'union.

Mettre en exergue le féminin pour surgir et combler le masculin.

Alors, son corps de l'arche des pieds aux épaules, n'était que courbes sans doute pour sublimer le plaisir des mains-caresses.

Les ongles de ses orteils étaient vernis de couleurs de plages, de pétales ou d'aile d'oiseau.

Ses jambes qu'elle aimait tant étaient soie et irisaient sous le nylon qui rajoutait une couche de douceur.

Ses hanches légèrement saillantes autour de son ventre douce colline offraient une prise parfaite juste adaptée aux mains-caresses.

Ses fesses de callipyges qualifiées et moulées par un sculpteur fou d'elles et d'elle ne dérogeaient pas à l'ensemble rondeurs et encore rondeurs.

Sa taille, émouvante l'avait-on ainsi décrite, n'était que flexible cambrure instrument de musique.

Ses seins auréolés d'aréoles rosées formaient ondes après ricochet, du grain de beauté à l'ensemble tout n'était que cercles.

Même les clavicules se terminaient par deux petits ronds tout durs.

Sa bouche pouvait elle aussi se vanter d'être ronde pour promouvoir le baiser et la succion.

Ses yeux mutins de mascara peints, iris ronds de couleur chaude s'étiraient cependant en un regard félin.

Ses cheveux frivoles en douce corolle s'effilochaient autour des pommettes elles-aussi rondes et saillantes.

La société qualifie de sexy ce que je m'accorde à penser quintessence de la Différence.

Liz"

Sotto voce

Et apparut le sexuel... Presque au tout début de notre correspondance, moi qui aime tant jouer avec les mots et me jouer des mots, j'avais osé: "Le cru m'outre" sonorité des plus laides qui soient et aussi appariement de termes si mal assortis qu'ils prêtent à rire du moins à sourire. Et bien que j'aie conçu et écrit cette expression au lexique disgracieux en la pensant avec force sincérité, je découvris que le cru ne m'outrait pas tant que cela à la condition toutefois qu'il fût accompagné d'une ébauche de tendre pensée ou sentiment, comme une médecine amère à laquelle on aurait ajouté un arôme fruité pour mieux la faire ingurgiter. "Boys are spice, girls are sugar, mix them up you pay the price" comme l'énonce mon chanteur préféré du moment...

"You are "magnifique"! So singular and intriguing. I'll pack up a bunch of gentle words just for you. Almost forgot: you're the sexiest I can remember and dream of."

"Vous êtes "magnifique"! Si singulière et intrigante. Je vais composer une brassée de mots doux juste pour vous. J'oubliais presque: vous êtes la plus sexy dont je puisse me souvenir et à laquelle je puisse rêver."

Malgré le côté excitant de la correspondance ainsi conçue: "se découvrir" (sens propre et figuré) à travers nos écrits (qui ne furent jamais vains...) et à l'évidente issue, je voulais y voir de la sincérité au moins juste pour la beauté à l'état pur... Pour déguster le miel après tout le fiel.

Et encore et encore la douceur de tout ce miel, de tous ces bouquets de mots comme autant de bouquets de fleurs. Jamais aucun homme n'eut de tels égards aussi peaufinés et exprimés avec tant d'art...

"I saw you at once, sitting with your friend. I dared going and joining you for a chat. I had noticed your figure, your hair, your both amused aud curious expression. We talked. Then I did my job, trying to capture your look, which you vouchsafed. I was playing my role just for you, expecting your interest and approval. It came to an end, you had to leave due to your depending upon your friend's car. You were sorry, so was I. I gave you my card, I took your hand. I wished you would remain just with me. But you left, and sent me your first email, almost at once. Then the story went on, still strengthening, ever so romantic and promising. I keep watching you through this machine, the shape of your hardly opened lips, the, cleavage of your blouse, the blackness of your eye make up, the enticing way you turn to the artist filming you. Attractive is a very weak word to describe your outstanding appeal. And I did not have time even to capture a sight of your whole self. Fortunately, photos provide a full view.

I dream of your most intimate appearance. Please read my words properly. I wish I could visualize Liz extensively. No doubt one day you'll make this true. While I write, I lose my breath."

"Je vous ai immédiatement remarquée, assise auprès de votre amie. J'ai osé vous joindre pour un brin de conversation. J'avais noté votre silhouette, vos cheveux, votre expression à la fois amusée et curieuse. Nous avons parlé. Puis j'ai fait mon travail tout en essayant d'attirer votre regard que vous m'avez accordé. Je jouais mon rôle juste pour vous, espérant votre intérêt et votre approbation. Cela se termina par le fait que vous deviez partir dépendante de la voiture de votre amie. Vous en étiez désolée, moi également. Je vous ai remis ma carte, j'ai pris votre main. Je souhaitais que vous puissiez rester avec moi. Mais vous êtes partie, et vous m'avez envoyé votre premier e-mail, presqu'immédiatement. Puis l'histoire continua, se renforçant, tellement sentimentale et prometteuse. Je ne cesse de vous regarder au travers de cette machine, le dessin de vos lèvres à peine entr'ouvertes, votre poitrine, la noirceur de votre maquillage, la séduction que vous déployez avec l'artiste qui vous prend en photo. Séduisant est un faible mot afin de décrire votre attrait hors du commun. Et je n'ai même pas eu le temps de capturer une vue d'ensemble de votre personne tout entière. Heureusement les photos sont là pour y pourvoir. Je rêve de votre nudité. S'il vous plaît lisez mes mots correctement. Je voudrais visualiser Liz de façon totale, étendue. Il ne fait aucun doute qu'un

jour vous rendrez cela réel. Tandis que j'écris, j'ai le souffle coupé."

"I love your unveiling, which I expected and dreamed of as a wishable achievement for you. Because this displaying of your most intimate self fits you closely. Please convey a sample whenever ready! Your cleavage drives me crazy. yours all."

"J'aime votre dévoilement, je l'attendais et je l'espérais tel un accomplissement avéré de votre personne. Parce que cette exposition de votre profonde intimité vous sied étroitement. S'il vous plaît faites m'en parvenir un échantillon lorsqu'il sera prêt! Votre poitrine me rend fou. Bien à vous, totalement."

"None but a confirmation. I know you. By heart. I had guessed it all re. your lingerie and addiction for it. You do not dislike Liz. Neither do I…"

"Plus qu'une confirmation. Je vous connais. Par cœur. J'avais tout deviné de votre lingerie et de votre addiction pour elle. Vous ne détestez pas Liz. Moi non plus..."

Effectivement tu me connais par cœur my love parce que tu me corresponds tant, parce que je te corresponds tant, parce que tu portes en toi une part de moi, parce que je porte en moi une part de toi, parce qu'à nous deux nous sommes équilibre. Voilà ce que j'aurais voulu répondre mais cette conscience diffuse d'une symbiose pressentie, qui prenait forme tangiblement au travers de nos mots et nous conduisait vers ce vertige de l'union-communion, était... too much!

Savoir et croire, croire et savoir... Entrelacs de pensées qui devaient ignorer la réalité, en fait là résidait l'incompatibilité. Histoire, qu'elle fut d'amour, de sexe, des deux, difficile à concrétiser, alors voile pudique et dissimulateur sur le vécu futur.

Juste tout prendre de l'instant, se remplir de l'autre grâce à une rencontre-impact, un dédale technologique, une lecture-écriture et une union conceptuelle et virtuelle. C'était déjà beaucoup et si rare...

Délectation.

Dolce

La potion médicamenteuse à l'amertume déplaisante allait s'adoucir grâce à l'arôme fruité du sentiment dévoilé. Parler d'amour je le voulais, et il le fit:

"Please keep writing and talking and wondering and expressing. I could not imagine that such an emotional flow might stop. And tell me about your feelings about me. It helps a lot. Yours."

"S'il vous plaît continuez à écrire, à parler à vous émerveiller et à vous exprimer. Je ne peux imaginer qu'un tel flot émotionnel puisse se tarir. Et parlez-moi de vos sentiments à mon égard. Cela aide beaucoup. Bien à vous."

"I love talking/writing to Liz. Something's taking place, stronger and stronger. Let's live it along, intensely. I go to work now, and will get back to you soon. Since you do not sleep, maybe you can answer these words…"

"J'aime parler/écrire à Liz. Quelque chose se met en place, de plus en plus fort. Vivons-le intensément. Je pars travailler, et je vous contacterai bientôt. Puisque vous dormez peu, peut-être pourrez-vous

répondre à ces mots...”

“Please receive my best intense feelings.”

“S’il vous plaît recevez mes plus intenses sentiments.”

“I’m getting crazy, shivering, unable to speak, feverish, never experienced this so far, getting back to this screen you impersonate, Liz.”

“Je deviens fou, frissonnant, incapable de parler, fiévreux, je n’ai jamais connu cela jusqu’à ce jour, revenant vers cet écran que vous incarnez, Liz.”

Il dépeignait ainsi ce que je pus constater lors d’une conversation téléphonique que nous eûmes la veille. Conversation ou plutôt monologue des plus incohérents, son phrasé était haché et incompréhensible, ses mots de même...

Il me rappela quelques heures après pour me dire combien il n’était plus lui-même, qu’il n’avait jamais connu cela auparavant... De fait, il me semblait extrêmement chaviré. Moi aussi. Mon cœur battait si fort tandis que j’entendais sa voix...

“Lovely. I love you in black. And in white also. The first one is ever so sexy, the second ever so tender. This coming new day will be gentle...”

“Adorable. Je vous aime en noir. Et en blanc aussi. La première est très sexy, la seconde très tendre. Ce jour qui vient sera doux...”

Trop envie d'y croire, trop envie de le vivre: l'amour est la seule émotion qui existe, toutes les autres ne sont faites que pour la masquer et la rendre suprême.

Avec mes doigts j'avais caché le "lovely" et le "in black" et relisais à l'envi les mots-chaleur.

Cependant ma réponse fut sibylline:

"A part vous embrasser qui reste toujours du domaine du fantasme et du virtuel caractéristique de cette machine à touches, que puis-je faire pour vous?

Sachez aussi sans offense aucune et en toute sincérité, que moi de mon côté je n'en suis pas à ce point. Certes je peux le devenir mais j'ai besoin de temps et de connaissances et surtout de confiance."

En fait, cette envie de l'embrasser était restée en moi depuis la première fois où je l'entrevis. J'ai appris dernièrement que le fait d'applaudir correspondait au fait d'embrasser au sens littéral du terme soit de prendre dans ses bras. Impulsion née de la volonté de démontrer son appréciation du plaisir par l'autre prodigué.

Ce plaisir que j'ai ressenti en le voyant et qui fit même naître un sourire sur mes lèvres, je m'en souviens avec précision encore à aujourd'hui. J'eus, dès que je le vis sans même qu'il sache que j'existais, une irrésistible envie de l'embrasser...

Lorsqu'un homme me plaît, ce n'est pas habituellement ce qui est induit dans mon esprit. J'ai d'abord envie qu'il me remarque donc qu'il me regarde et je suis plutôt portée à attendre des marques d'attention de sa part et mes envies restent d'ordre mental et non physique comme avec lui...

Quant à la confiance que j'évoque, depuis ma plus tendre enfance je suis confrontée à une trahison du sentiment porté et j'ai vécu récemment de si violentes émotions suite à ce fait d'abuser de la confiance d'autrui que désormais je ne sais plus avoir confiance en qui que ce soit. Comme un animal maltraité qui ne peut plus être apprivoisé.

Mezzo forte

Le "que puis-je faire pour vous?" recèle une demande pudiquement formulée de façon interrogative. Envie d'aller plus loin, je suis évidemment sûre que rien de tout cela ne lui échappa...

Cette envie d'aller plus loin il la concrétisa ainsi:

"Your lingerie haunts my dreams, but your skin and flesh even more."

"Votre lingerie hante mes rêves, mais votre peau et votre chair plus encore."

"No doubt I would love it all! What a sensuous delight you're offering me, Liz. As well as your charcoal eye lashes. I am pretty sure your intimate drawers contain so erotic marvels. You are so... I go back to work with exquisite views in my mind. Maybe next time I will dare plunging into even more intimate confessions and querries. Would you accept them?"

"Aucun doute que je les aimerais toutes! Quel délice des sens vous m'offrez là Liz. Ainsi que les cils de votre regard noir charbon. Je suis absolument sûr que vos tiroirs regorgent d'érotiques merveilles.

Vous êtes si... Je retourne au travail avec d'exquises visions à l'esprit. Peut-être la prochaine fois oserais-je plonger dans des confessions et des demandes encore bien plus intimes. Les accepteriez-vous?"

"Liz's secret clue: her most intimate splendor."

"L'indice secret de Liz: sa splendeur la plus intime."

"Let's share the sweetest, hottest kisses, shall we?"

"Partageons les plus doux, les plus ardents baisers, voulez-vous?"

"I'm afraid I just love it, and die while waiting to screen the picture, dearest... Please proceed and describe and get me crazy for you."

"J'ai bien peur d'aimer ça, et de mourir d'impatience avant que les photos ne s'affichent sur mon écran, ma très chère. S'il vous plaît continuez et décrivez et rendez-moi fou de vous."

"I am in demand for your descriptions and ambiances. And I feel I could/will please you and fulfil your desire. Because no one before actually felt your character and being and needs like I do. Right? Love."

"Je suis demandeur de vos descriptions et de vos mises en scène. Et je pense que je pourrais/peux combler vos désirs. Parce que personne avant moi n'a pressenti votre personne, votre être ainsi que vos besoins comme moi. Est-ce exact? Amour."

C'est on ne peut plus exact, il me connaît au plus profond de moi-même et ce depuis la première seconde. Je savais aussi parfaitement qu'il me comblerait bien qu'il n'osât pas directement le temps de l'indicatif, temps qui indique précisément que oui il saura, nous en sommes sûrs tous les deux.

Plus que comblée... Encore ses mots si vrais... Et pourtant:

"Il est des choses qui ne se demandent pas car elles appartiennent à l'instant. Alors... guettez ou subtilement suscitez l'instant."

Et oui encore et toujours ce jeu de la séduction... Soulever la jupe par bribes... Subrepticement humecter de la langue des lèvres pas encore offertes... Laisser glisser une bretelle le long de l'épaule... Faire mousser sa chevelure... Tout cela à faire ingurgiter à des circuits informatiques!

De l'absence naît la créativité... Alors des mots pour des images.

Envie d'être conquise, envie de plus, envie d'encores...Et envie de séduire: prouesse, car rien de moins séduisant qu'un ordinateur... Des photos: figé, plat bien qu'excitant... Les mots auraient-ils le pouvoir de remplacer honorablement toutes les attitudes, les gestes, les regards dont je savais si bien me servir pour conquérir? Alors j'osais:

"A la croisée de votre long regard, je croise mes longues jambes et rajuste mes bas de nylon."

Lors de l'une de nos conversations téléphoniques, le fait qu'il revienne avec agrément sur cette évocation gestuelle que je voulais gracieuse – acte et sémantique – et sensuelle, me fit entendre qu'une fois encore j'avais atteint mon but: il me lisait mots et âme et je le devinais pulsions et images. Somptueux échange, délicieux mélange... Après tout, cet ordinateur au cœur de silice procédait à un transfert de pensées avec diligence...

Puis le "vous" se mua en "tu" symbolisant là un rapprochement après une approche aboutie. Je le vécus quasiment de manière physique, il était désormais tout près de moi. Le pouvoir des mots se concrétisa: de la relation il devint la fréquentation. Ce fut lui qui le demanda, qui en fut l'instigateur et une fois encore cela me plut.

"Aujourd'hui, je me suis maquillée et habillée en pensant à toi...

Mes yeux sont black smoked, mes cils empesés de rimmel et ma bouche rouge vif brillante de lip gloss parfumé à la cerise.

J'ai changé de coiffeuse, mes cheveux sont très blonds, le soleil y ajoute sa touche personnelle, et j'ai une frange toute raide qui frôle le bord de mes cils. Il fait chaud, je porte donc mes cheveux relevés en un chignon capricieux qui laisse s'échapper quelques mèches rebelles blondes et châtain qui s'entremêlent à mes boucles d'oreilles très longues, ponctuées d'une perle.

A la façon BB des années 60, une combinaison-short en vichy noir et blanc permet à mes jambes d'aimer la caresse du soleil. On devine derrière les petits boutons du corsage, mon soutien-gorge rouge que les corsetières qualifient de "pigeonnant". Ma taille est marquée et donne tout leur galbe à mes hanches. Mes chaussures rouges également, cambrent mes pieds avec élégance grâce à leurs talons compensés.

Ma démarche est chaloupée, je me sens sensuelle avec tout ce miel de soleil. La caresse de ton désir point en moi et me laisse une vague d'incomplétude...

Derrière d'immenses lunettes de soleil noires qui me mangent le visage ma pensée s'égare. L'effluve de mon doux parfum disséminé dans mes recoins secrets se rebelle, personne n'est là pour l'inhaler et s'en enivrer.

J'aimerais tant que tu me dévores comme l'un de tes livres dont l'écriture et l'évocation te passionnent et transcendent... Que tes iris se dilatent de plaisir devant les mots et les images insufflées comme devant mon corps paré pour l'amour... Que tes doigts avides tournent les pages impatients d'en savoir davantage comme ils parcourent tout mon corps avec le même empressement de découverte et de perception sensuelle... Que l'encre et la douceur des pages imprimées se confondent pour tes sens avec mon parfum et la suavité de ma peau... Que l'émotion suscitée par les mots en pensées métamorphosés, se noie de béatitude dans l'anticipation du plaisir naissant au préalable dans ton esprit... Que ta jouissance spirituelle rejoigne ta jouissance éprouvée et par moi dictée... Que dès la dernière page tournée tu te sentes comblé et enrichi par la Lecture comme tu le serais grâce à l'effet-Liz.

Sous l'œil unique

de l'instrument photographique

je porte

"diamants noirs": d'Armani

des escarpins en daim noir aux talons aiguilles vertigineux

une étole: celle de la pyramide du Louvre

elle s'enroule voluptueusement autour de ma nuque, descend le long de ma gorge et ponctue le haut de mes cuisses tandis que je pose alanguie au milieu de mon fauteuil de cuir clair.

A suivre seulement si tu aimes...

Sous le flash impudique

du zoom photographique

je porte

" Ma Dame" de Jean-Paul Gaultier

un pull noir en cashmere échancré en V

des escarpins noirs aux talons gratte-ciel, découpés de lanières et fermés de petits boutons

je m'allonge sur le lit, remplace les oreillers, suis à contre-courant et forme un angle droit

mes jambes croisées grimpent le long du moucharabieh qui fait office de tête de lit."

Forte

Apparemment il aima et eut envie de plus, de mieux, d'aller plus loin au plus profond de moi... Prévisible, prévu mais l'imprévu résida dans le fait que j'y trouverai un plaisir intense bien que cherchant à échapper à une vulgarité primitive. Je compris cependant plus tard que la véracité, l'authenticité, bref la sincérité habillent la vulgarité de la plus élégante parure et qu'alors elle n'apparaît plus en tant que telle mais en tant qu'érotisme sublimé.

Alors ces mots qui faisaient partie du "cru qui m'outrait" se sont révélés, pas complètement au début du moins, chaleur excitante.

Je n'ai connu d'amant américain que mon mari, très peu loquace à mon égard à tel point que je peux dire que les échanges écrits et oraux que j'ai eus avec les deux derniers hommes de ma vie sont bien plus conséquents en une année au total que neuf années et demie de mariage. Ceci pour dire que mon anglais en la matière était très pauvre. Alors je découvris ce vocabulaire érotique exprimé en cette langue, et il ne m'en fit que plus d'effet.

"Darlingest, please do not worry too much about your age. A fact is that you are superb, sexy, attractive. Different in a word. Who would care about your date of birth? I don't, no one does. I feel your self esteem utterly basic for you, not only your beauty, your behaviour also, so demanding... No doubt one has to raise to your level. What a redeeming! I love your descriptions of those photographed love scenes, I dream of those you'll work out just for me. Yes, do check your black stocking, show your so high heeled stilettos, lift your tight skirt, rub your full breasts, open your purple lips, stroke your exquisite pussy (since it is a concealed secret of beauty, is it not?) I am proud, so proud to please you. My mind, my spririt, my body, my cock. Loving thoughts, dreams, expectations."

"Chérie, s'il te plaît ne t'inquiète pas autant de ton âge. Tu es superbe, sexy, attirante, c'est un fait. Différente en un mot. Qui peut s'intéresser à ta date de naissance? Pas moi, ni personne d'autre. Je pense qu'une profonde confiance en toi t'est fondamentale non seulement en ce qui concerne ta beauté, mais aussi ton comportement, tout cela est tellement exigeant...

Aucun doute que personne n'ait atteint ton niveau. Quelle récompense! J'aime tes descriptions des scènes photographiées, je rêve de celles que tu créeras pour juste pour moi. Oui, vérifie la tension de tes bas noirs, montre tes talons aiguilles si hauts, soulève ta jupe moulante, caresse tes seins, ouvre tes lèvres pourpres, caresse ta chatte exquise (puisque

que c'est un secret de beauté caché, n'est-ce-pas?)

Je suis fier, si fier de te plaire. Mon cerveau, mon esprit, mon corps, ma queue.

Pensées, rêves et attentes d'amour."

Ma première lecture fut rapide et avide. Ma seconde lecture s'arrêta sur les mots "stroke" "pussy" et "cock"... Ma troisième lecture s'accrocha aux mots "Darlingest" "secret of beauty" "so proud to please to you" et surtout, surtout à la dernière phrase.

Sans que je n'en fasse état il avait su mêler avec art sexe et sentiment (longue expérience? fin séducteur, gentleman dans l'âme? premier essai pas trop brutal?) exactement comme je pouvais non seulement l'accepter mais le goûter et l'apprécier.

En fait, je fus très touchée par ce premier texte plus appuyé dans le domaine sexuel, texte qui me disait de lui qu'il était à l'écoute et attentionné. Il eut la tendresse d'évoquer en premier lieu mes préoccupations, puis il me fit partager ce qui se passait dans sa tête je l'escomptais bien sûr mais une confirmation est toujours agréable. Enfin je perçus cette insécurité quant à son pouvoir de séduction.

Absolument confirmée par l'ordre choisi pour retracer le cheminement de cette séduction: d'abord son intellectualité puis son corps et enfin son sexe. Très habile de rester sur son idée du sexe évoqué en finale donc mieux retenue... J'étais d'ailleurs absolument sûre qu'il excellait en la matière.

Il ne savait pas alors combien l'aveu de cette insécurité s'est avéré touchant à mes yeux. Je n'ai pour ma part jamais douté de mon pouvoir de séduction, les hommes m'ayant toujours regardée depuis mes douze ans le confirmant. Ainsi nous nous équilibrions... et nous comprenions tacitement.

Il est évident que je fus séduite par son intellectualité mais ce dont il ne se doutait pas c'est que tant de détails de son apparence m'allaient droit au cœur: ses cheveux bruns aux petites mèches rebelles et longs dans le cou, son sourire lumineux et inattendu, ses mains que je trouvais belles, ses traits qui reflétaient une souffrance, le dessin de sa bouche ou encore quelque chose dans l'allure générale indéfinissable mais remarquable.

Bref il me plaisait vraiment.

Alors le caractère rebelle dont je ne me départais jamais reprit le dessus, je céderai du terrain mais pas si facilement. C'est vrai que je ne suis pas une femme dite stupidement "facile", je lui avais fait part du fait que "pour qu'un homme me touche, il faut d'abord qu'il me touche" c'est on ne peut plus juste et lorsque j'y pense, peu sont parvenus à ce résultat tant, et il en eut conscience rapidement, ma barre est haute. Ainsi donc s'ensuivit la réponse suivante:

"Je suis une femme-femme très femme, pas le moindre doute que tu l'aies clairement perçu... Cela implique donc un savant et subtil équilibre entre sentimentalité et sexualité (tu as écrit sweetest avant hottest j'ai aimé cela) qui n'existe pas forcément dans le cerveau masculin. En ce qui me concerne être complexe que je suis, cet équilibre peut se rompre facilement, alors choisis bien tes mots...'le cru m'outre' n'oublie pas... La soupape pour un cerveau très

policé est néanmoins peut-être faite de cela.

Dans ton dernier e-mail, j'en lis entre tes lignes que ce que tu souhaites au-delà de mes descriptions intimes, c'est me parler de toi. Je respecte donc cet état de fait. Tu prends juste le risque de me déranger dans la façon dont je t'appréhende. Peu t'importe peut-être. Je veux cependant te percevoir finement au plus profond de toi.

Quelque chose de moi: j'aime tant faire l'amour tout en artifices tout comme toi que mon intimité ne cesse de pleurer de solitude... pour le moment.

J'aime deviser de la sorte avec toi et veux que cela dure..."

...Qui fut suivie elle-même de:

"You wrote you wanted me to express my feelings and desires. I do so, since, in a way, I know you love it too. No claim to shock you. But what could be shocking provided it is sincere, deeply perceived and shared? With you, I feel free to write love words, and not ashamed at all to quote my admiration and dedication for your beauty. You are not your sole body: could you imagine I did not get the essence of your being? Could I plunge right into your heart and sex if I had nod captured the truth about Liz? You are a lover that has not been loved accordingly. "A delicate balance": do you remember this play by Edward Albee?"

"Tu as écrit que tu souhaitais que j'exprime mes sentiments et mes désirs. Je l'ai fait sachant que tu apprécies cela aussi. Aucune intention de

te choquer. Qu'est-ce-qui pourrait être choquant à partir du moment où c'est sincère, profondément perçu et partagé? Avec toi je me sens libre d'écrire des mots d'amour, je n'ai pas honte de montrer mon admiration et mon attachement pour ta beauté. Tu n'es pas qu'un corps seulement: imagines-tu que je n'ai pas perçu l'essence de ton être? Pourrais-je plonger directement dans ton cœur et dans ton sexe si je n'avais pas percé à jour la véritable Liz. Tu es une amoureuse qui n'a jamais été aimée de façon appropriée. "A delicate balance" (un équilibre délicat): te souviens-tu de cette pièce d'Edward Albee?"

Toujours cette grande difficulté à faire confiance... Pourtant ses mots me touchèrent tant! Toujours cet effet-flèche atteindre le centre, l'essentiel, le vrai. En quelques phrases il résumait au plus millimétré ce que j'étais, ce qui était. Il me fascinait de par cette ultra-vision. Regard à la fois félin-nuit et aigle-jour. Il avait ce côté comme surnaturel qui le rendait à mes yeux émerveillement... Alors...

Comment concevoir une histoire d'amour par ordinateurs interposés? J'étais si lasse de toutes ces difficultés de ma vie qui en s'accumulant avaient formé un tel écran boueux face aux plaisirs que pouvait encore m'offrir l'existence, que je décidais de plonger, plonger corps et âme dans cette relation qui me faisait tant de bien mais l'expérience aidant, qui, je le savais aussi implicitement, pouvait m'être aussi dévastatrice. J'eus alors la force de décider que quoi qu'il en fût, je ne retirerai de cette histoire que du plaisir pour adoucir mes plaies et je me promis que même si la souffrance venait j'aurais la puissance de l'ignorer.

Je me respecte tant que je me sais capable d'une telle détermination. J'avais déjà franchi de telles étapes dans la douleur que je savais la dominer. Donc je décidais d'enfin me laisser faire et de surseoir à toutes ses demandes – et j'y pris un immense plaisir – même s'il y avait une facture à payer. Alors:

"Je ne connais pas la pièce que tu évoques mais je m'y pencherai.

J'aime ta réponse et t'envoie mes plus doux baisers.

Feel free with me, you're healing me.

Sois libre avec moi, tu me guéris."

"Your sweetest kisses reached my inner self. I loved their taste, their depth, their unending wilderness and demand. They plunge into my throat, my spine, my heart, they drive my conscience to obsession. My body is set afire, my cock hurts, begging for your attention. Lovesickness."

"Tes plus doux baisers ont atteint mon moi profond. J'en ai aimé leur goût, leur profondeur, leur sauvagerie infinie et leur exigence. Ils ont pénétré ma gorge, ma colonne vertébrale, mon cœur, ils ont porté ma conscience à l'obsession. Mon corps est en feu, ma queue est douloureuse implorant ton attention. Malade d'amour."

Jamais aucun homme ne m'écrivit de la sorte, cadeau des plus précieux s'il en est, qui me tira des larmes d'émotion…

"Tell me about your intimacy, I'm addicted to your self descriptions. The, if you care for it, I will tell you about me."

"Parle-moi de ton intimité, je suis accro aux descriptions de ton corps. Puis si tu le souhaites, je te livrerai les miennes."

"Can you believe I actually see you, see through your most intimate pieces of garment? Due to a single glimpse in Tosca, to a bunch of pictures, to thousands of those words and thoughts we've kept exchanging for almost two months now. Of course I feel the honey taste of your month, the firmness of your nipples getting bigger and bigger, harder and harder under my kisses, the shape, the colour of your most concealed hair bush: o Liz, please plunge deep into your most passionate inspiration to paint your secretive self for me! As I write to you, my body is erupting, desperately longing for your love art and ability. You're such a ravaging poetic beauty!"

"Peux-tu croire que je te vois, je te vois au travers de tes dessous les plus intimes? Grâce à un coup d'œil furtif à Tosca, quelques photos, aux mots et pensées que nous échangeons depuis deux mois désormais. Bien sûr je ressens le goût de miel de ta bouche, la fermeté de tes seins qui sous mes baisers grossissent et s'affermissent, je vois la forme et la couleur de ton

buisson intime: ô Liz, s'il te plaît plonge au plus profond de ton inspiration afin de me dépeindre ton endroit le plus secret! Tandis que je t'écris mon corps s'érige, désespéré et impatient de ton art de l'amour. Tu es d'une telle beauté, poétique et ravageuse!"

...ce qui me mena à mon tour à lui offrir:

"A l'instar des nuances tonales des vêtements portés, s'opposent blanc et noir, noir et blanc l'un soie de peau, l'autre moussante toison. Cœur triangulé du haut de mes cuisses, assez joliment dessiné pour qu'aucune modification je n'y fisse. Entre deux coteaux gonflés de désir, s'érige fièrement ce petit bout de chair ce petit bout de moi qui engendre mille ondes si douces à mon ventre. Avant que tes yeux ne s'égarent vers cette étroite vallée couverte de rosée, bienfaisante humidité qui sur les doigts glisse. Satisfait?"

"Overwhelmed"
"Comblé"

Toujours mon désir assidu de combler ses attentes, je me voulais excitante sous des mots qui ne me trahiraient pas trop, mais qui refléteraient exactement ma pensée drapée d'une imagerie poétique. Un peu comme un voile à soulever pour découvrir la nudité. Puisque je ne pouvais me servir de mon corps pour le mener à l'excitation et au désir, je m'attachais à trouver le bon chemin pour y parvenir grâce à des mots que je mis en scène dans ma solitude afin d'écrire au plus vrai.

Aussi curieux que cela puisse paraître les mots

avaient été fluides sous la pensée. Jamais je n'avais évoqué une telle description de moi-même, j'eus même recours au miroir afin de rendre la description au plus juste. Juste pour lui, pour le satisfaire pleinement et j'y pris plaisir...

Depuis que j'écris ce roman je cherche en vain un terme qui pourrait se substituer au mot "plaisir" aucun ne trouve autant grâce à mes yeux que ce mot-là, tant il n'avait fait partie ni de mon vocabulaire, ni de ma vie avec autant de réalisme depuis si longtemps.

"My wonderful Liz,

I have no breath, no words yet to answer your erotic poem. And I'm attending a very serious seminar (seminar=semen, mine for you). I will get back to you ASAP. Yours all."

"Ma merveilleuse Liz,

J'ai le souffle coupé, aucun mot encore pour répondre à ton poème érotique. J'assiste à un séminaire très sérieux (séminaire=semence, la mienne pour toi). Je te répondrai aussitôt que possible. Tout à toi."

Encore et toujours ce don de lui... Je le prends... dans toute l'intégralité de ce qu'il veut m'offrir.

Fortissimo

"Never did I inspire and receive such a poetic and accurate account of someone's intimacy. My feeling is that your pussy is the most accomplished and splendid part of yourself. It is a compendium of Liz's achievements, both utterly natural and untrimmed, as well as sophisticated and so sensual. It provides visual and sexual delight to the fortunate one you agree as your lover, not many indeed compared to the number of applicants. I dare figuring myself as the one to come. The one to whom you will allow and expect he will lift your dress, kiss your skin with passion, stare at your eyes, place his hand on your sacred bush, his lips on your inner lips, his tongue around your erected peak and swallow your spirited liquor. You make someone else of me, Liz. I take you to Paris, deep in my heart and cock. Yours wholly."

"Je n'ai jamais inspiré ni reçu une telle narration de l'intimité d'une personne, qui soit autant précise et poétique. Mon sentiment est que ta chatte est la partie la plus accomplie et la plus splendide de toi. C'est un résumé de tous les accomplissements de Liz, à la fois d'un naturel absolu car non discipliné, ainsi que sophistiqué et si sensuel. Il procure un délice

visuel et sexuel aux chanceux qui sont tes amants, peu, à l'évidence comparé au nombre de prétendants. J'ose me compter parmi les prochains. Celui que tu autoriseras à soulever ta jupe, embrasser ta peau avec passion, fixer tes yeux, mettre sa main sur ta toison sacrée, ses lèvres sur tes lèvres intimes, sa langue autour de ton pic dardé et qui avalera ta liqueur ardente. Tu as fait quelqu'un d'autre de moi Liz. Je t'emporte avec moi à Paris, profondément dans mon cœur et dans ma queue. À toi, totalement."

Réussi, il m'annonçait clairement qu'il avait perçu ma description intime comme je le voulais, et plus important encore: qu'il serait mon amant et de quelle manière... J'avoue que ses mots me touchèrent beaucoup, virtuellement seulement hélas... Je voulais tant que lui me touche réellement!

Qu'il pense à mon plaisir sans évoquer le sien me toucha également.

Je me posais des questions quant à sa vie sexuelle puisque je l'avais rendu différent, j'entrevoyais sur quel plan mais toujours cette retenue, je n'avais pas ses yeux pour y lire ses écrits. Mélange sexe amour pour conclusion j'adore! Et le fait qu'il soit pour moi totalement me fit rêver.

"Never heard of such a love story, but obsesssed with deadly lust and ever growing desire for you, Liz. My whole body aches, you only could provide relief, you know how to so well. One more guess, this time I know I'm right too: as far as love making

is concerned, you are an artist, aren't you? The rim of my cock to stroke gently your eye lids and lashes..."

"Jamais entendu une telle histoire d'amour, mais obsédé par une mortelle convoitise et un désir qui ne cesse de croître pour toi, Liz. Mon corps entier en est douloureux, tu es la seule qui pourrait y pourvoir quelques soulagements, tu sais si bien comment. Une supposition et cette fois encore je sais que j'ai raison: en ce qui concerne l'acte d'amour, tu es une artiste n'est-ce-pas? Le bout de ma queue caresse doucement tes cils et tes paupières..."

Le ton était donné: laisser libre cours à toute la fertile imagination érotique dont nous sommes tous deux grandement pourvus... Et j'y trouvais beaucoup de plaisir car avant de toucher mon corps, ses mots passaient par mon esprit: double jouissance sans nulle autre pareille puisqu'au réel l'acte prévaut sur les mots, notamment en amour. De plus, dans la "vraie vie", on ne peut autant les savourer tous ces mots, sous forme orale donc immédiate et volatile. On se parle et s'excite avant et pendant l'amour mais cela traîne un goût d'éphémérité... Alors que ses mots à l'écrit m'appartenaient, ils étaient mes esclaves dont je pouvais jouir comme bon me semblait puisque livrés en pâture à mes sens et à ma cognition pour l'éternité. Et cela continua ainsi avec pour le même acte des mots toujours différents et de plus en plus forts, de plus en plus extrémistes sans toutefois atteindre la limite car demeurait la frustration du non-vécu. Vertige sublime de volupté, aucun étonnement alors que nous pauvres humains à la faible chair y ayons succombé si abyssalement lors de notre seconde rencontre. Et je sais gré au destin qu'une conjoncture de voiture et surtout de respect de l'amitié, ce soir-là, nous empêcha de succomber dès la première rencontre... Tout eut été si différent...

"Don't you worry, you're not leaving my mind, my heart, my body. Sweet and wet dreams, you my over-sexy vision."

"Ne t'inquiète pas, tu ne quittes ni mon esprit, ni mon cœur, ni mon corps. Fais de doux rêves humides, toi ma vision ultra-sexy."

"Well done! How could I concentrate on my work with your half naked image before my eyes? I have always seen you as a love lover and expert. I try and imagine your most daring gesture and postures, because you are the most unashamed- and altogether delicate person I've ever met. Your curves, your ankles, your ass, your wrists: frailty and fullness. For me I'm all slim and sex."

"Réussi! Comment puis-je me concentrer sur mon travail avec une photo de toi à moitié nue sous les yeux? Je t'ai toujours vue comme une amoureuse et une experte de l'amour. J'essaie d'imaginer tes poses et gestes les plus osés, parce que tu es tout à la fois la plus effrontée et la plus délicate personne que je n'ai jamais rencontrée. Tes courbes, tes chevilles, ton cul, tes poignets: fragilité et plénitude. Quant à moi, je suis tout en minceur et en sexe."

Pourquoi cet homme m'est-il des plus précieux? Il est le seul à me percevoir absolument exactement telle que je suis et ce grâce à quelques mots et quelques photos. Pour moi cela tient de la magie, aucun homme jusqu'alors n'avait su aller au-delà de l'apparence comme lui le faisait! Aucun doute alors que mon attachement pour lui serait violent. Il savait voir mes dualités autant physiques que morales, il avait lu au plus profond de mon âme; j'espérais juste que cela fut par l'intérêt qu'engendre l'amour et non pas par un entraînement d'ordre personnel ou professionnel qui pouvait le mener à cette compétence aiguë. Je garde mon joker du doute.

Quant à moi je jouissais également de ce pouvoir d'extrapolation au-delà du concret et je savais exactement et sans doute aucun comment il était bâti physiquement et sexuellement...

"You are a magnificent person, just notice all men's attraction to you. Take yourself for what you are, for I viewed you at once. A lovable love loving female with obvious instincts. I was younger once, too, but never felt so powerful and sexy, since I was able to drag your attention. I wish you could see me while I write to you: I am sure you would feel and view and enjoy how horny I am just for you. Fairly undecent and conspicuous: you love it, don't you? I can almost feel your nails and lips on my essential self. Once more, you love it, Liz, don't you? "

"Tu es une personne magnifique, en témoigne toute cette attention masculine à ton

égard. Considère-toi telle que tu es, celle que j'ai immédiatement perçue. Une adorable femme amoureuse de l'amour avec d'évidents instincts. Je fus jeune, moi aussi, mais je ne me suis jamais senti aussi puissant et sexy que depuis que je fus capable d'obtenir ton attention. Je souhaiterais que tu me voies lorsque je t'écris: je suis sûr que tu ressentirais, verrais et apprécierais combien tu m'excites. Tout à fait indécent et manifeste: tu aimes, n'est-ce-pas? Je peux presque sentir tes ongles et tes lèvres sur la partie essentielle de mon corps. Encore une fois tu aimes ça Liz, n'est-ce-pas?"

Bien sûr que j'aime, j'ai aimé, j'aimerai, j'aurai aimé, j'aurais aimé, j'aimerais: le français induit le sentiment de par le temps de conjugaison évoqué: suprématie subtile...

Toujours ses questions reflet de son insécurité, besoin de renforcement pour être sûr. Habile tactique également: j'y pense à deux fois et j'abonde dans son sens en en étant persuadée. De fait il manie les mots afin qu'ils le servent dans leur absoluité et épousent sa volonté... Ses descriptions me sont nectar...

Encore ce mélange sexe amour... très touchant et flèche directe au centre de mon cœur, combien il le sait...

Oui j'aime son sexe et c'est à chaque fois pour moi plaisir et émerveillement que d'avoir à la fois le pouvoir de provoquer une érection et celui d'en exploiter tout le délice qu'il est possible d'en tirer...

"Do not change in any respect, please! I love you the way you are, in every aspect. I hold your breasts to my lips, kiss and bite the nipples, cover them with shining fluid, stroke them with the rim of my demanding cock. Your long red painted nailed hand holds it, press if between your breasts, take it to your lips and tongue... I almost faint with delight. Would you? "

"Ne change en rien, s'il te plaît! Je t'aime telle que tu es, à tous égards. Je prends tes seins entre mes lèvres, embrasse et mords les tétons, les couvre de brillantes sécrétions, et les caresse avec l'extrémité de ma queue exigeante. Tes longs ongles rouges s'en emparent, la glissent entre tes seins, la portent à tes lèvres et à ta langue... Je m'évanouis presque de délectation. Le voudrais-tu?"

Si directes, si exclamatives, si venues du cœur, les deux premières phrases me transportèrent... Je veux croire qu'il m'aime pour de vrai!

Quant "au programme" qu'il me propose, je ne vois rien de plus tentant... Imagination prégnante, je peux ressentir la douceur et la pression de ses lèvres, l'effleurement de sa langue sur les pointes de mes seins tendues vers sa bouche. Plaisir diffus. L'extrémité de sa queue sur l'extrémité de mes seins, je le veux là maintenant. J'ai au creux de mon ventre comme un vrillement, désir de lui intense et brûlant. Oui je veux qu'il s'évanouisse de délice lorsque ma bouche s'emparera de son gland, s'y arrêtant en touches furtives ou appuyées, lorsque ma langue humide, mes dents discrètes, mes yeux violeurs se livreront à absolument tout ce qu'il attend de moi. Une volupté qu'il n'a jamais connue, que moi seule sait lui prodiguer. Instinct de femme juste pour lui.

"Comment veux-tu que je me concentre, quand tu m'envoies la plus sidérante de toutes les photos de toi que je connaisse? Celle-ci est vraiment ravageuse de sex-appeal: ta lingerie (ô ce soutien-gorge rouge, ces bas et porte-jarretelles noirs, cette exquise jupe(?), combinaison(?), l'une de mes parures préférées pour toi, ce liseré écarlate, l'expression tentatrice de ton visage maquillé comme il me plaît (les lèvres, les yeux...) Tu dois me raconter l'histoire de cette photo, qui n'a rien d'innocent. Qui l'a conçue? Quelle garde-robe? Achetée où, quand? En quelles circonstances? Pour qui? Tu es belle en cette pose étudiée de saloon girl Liz. Ta gorge ne peut laisser personne indifférent, surtout si, comme moi (seul?), on en devine la forme, le volume, la pesanteur couronnée des plus voluptueuses pointes qui soient..."

J'aimais le rendre totalement fou de moi et aussi voir pointer une once de jalousie... Cela devenait un jeu. Je choisissais parmi toutes ces photos sexy et érotiques celles qui me paraissaient les plus propices à l'exciter, à lui donner une envie de moi intense jusqu'à l'obsession. Pousser le jeu à son extrême protégée par l'écran qui de ce fait permettait plus et mieux. Le maintenir dans cet état d'excitation sans aboutissement. Engendrer une frustration qui sublimerait la première fois que nous ferions l'amour. C'était tellement unique. J'avais lu quelque part: "Le meilleur moment c'est l'attente." Or dans notre cas cette attente se prolongeait cependant avec une volupté que je voulais exceptionnelle...

"I'm desperate. I wrote to you the hottest lovingest ravagingest letter I ever thought of, so daring I was not certain not to shock you. Wrong feeling, nothing regarding passion could hurt you, is it not? I described the perceived splendor and proudness of your tits, I could but just imagine under your garment when we met, but which you offered me on the first picture you sent me. I said I would love them by gestures, licking and biting the erected fleshy nipples, gently and hardly covering them with shining fluid, making you come and screen when I'd rub my too big burning glans upon them. I described my almost fainting with joy when you confessed you had fallen in love with me and my cock, sucking it with so much expertise and intuition it looked like an artistic creation. Because your love making is pure art, I'm sure, and we'd make photos of it, so as to get even more crazy for one another. I realized I had never used my imagination, fantasy, day dreams to such an extent. I could do anything but waiting for your answers. Expecting you would go on this daring style, which I promised I'd share if you wanted me to. Will you?"

"Je suis désespéré. Je t'ai écrit la plus ardente, la plus ravageuse lettre d'amour à laquelle je n'aurais jamais pensé, en n'étant pas certain de ne pas te

choquer. Fausse route, rien qui soit lié à la passion ne peut te choquer, n'est-ce-pas? J'y décrivais la splendeur et la fierté avérées de tes seins, je pouvais seulement les imaginer sous tes vêtements lorsque nous nous rencontrâmes, mais tu me les offris avec la première photo que tu m'envoyas. J'y disais que je pouvais les aimer en les caressant, en les léchant et en en mordant la chair érigée des tétons, doucement, les recouvrant à peine de sécrétions fluides et brillantes, te faisant jouir et crier lorsque j'y frotterai mon gland brûlant. J'y décrivais ma joie jusqu'à presque en perdre connaissance lorsque tu me confessais que tu étais amoureuse de moi et de ma queue, en la suçant tellement et avec tant d'expertise et d'intuition qu'elle devint œuvre d'art. Parce que ta façon de faire l'amour est art pur, j'en suis sûr et nous en ferons des photos lorsque nous deviendrons encore plus fous l'un de l'autre. Je me rends compte que je n'ai jamais été aussi loin quant à mon imagination, mes fantasmes et mes rêves éveillés. Il ne me reste plus qu'à attendre tes réponses.

Je m'attends à ce qu'elles soient dans ce même style osé que je te promets de partager si tu le veux. Le voudras-tu?"

Je pus ressentir la véracité de cet écrit par intuition d'abord et aussi j'y remarquais des erreurs, rarement de son fait, erreurs trahissant sans doute le trouble engendré par la narration. Pourtant toujours encline à douter, je ne me fis pas confiance et je me tracassais à vouloir comprendre pourquoi je n'avais pas reçu ses lettres d'amour si ardentes et osées. Il avait raison, il savait que j'aimerai lui écrire osé parce qu'une fois encore nous aimons les mêmes choses.

"I think of you, despair/distress, my whole self thrills with impatience, I let you open your thighs and string for my greedy lips. My vision just at this moment: your long nailed painted fingers pulling aside your drenched string, gently stroking your burning pussy."

"Je pense à toi désespoir/détresse, tout mon être frissonnant d'impatience, je te laisse ouvrir les cuisses et ton string pour mes lèvres avides. Ma vision du moment: tes longs ongles vernis écartant sur le côté ton string détrempé, caressant doucement ta chatte brûlante."

"Your love meal drives me crazy (that's why you cooked it just for me!). I long for your five-courses feast. I'd like you to concentrate on each of them. Your mascara painted eyes, and what you would do with them. Your red wet glossy mouth, your expert tongue and teeth. Your triumphant boobs, their nipples oversized with lust. Your slim waist, circled with an outrageous garter belt and black lace panty. Your divinely long shaped legs, with their overtensed brown black stockings. Your round, firm, soft ass, just made for my hand and mouth. Your most attractive self, your cream filled love pussy, hardly covered or discovered by your dark string, showing your shining fur and opened purple lips. A full description of each of those love tools, and how you

would play with them and me. Then, I will tell you about my own body, but not before you tell me how you perceive it. You saw my face, my hands, nothing else. But I am sure you guessed the rest, including the most intimate and protrusive..."

"Ton repas d'amour me rend fou (c'est pourquoi tu l'as cuisiné juste pour moi!). Je suis impatient de goûter à ses cinq plats fastueux. Je voudrais que tu te concentres sur chacun d'entre eux. Tes yeux peints de mascara, et ce que tu feras avec. Ta bouche rouge et luisante, tes lèvres et tes dents expertes. Tes seins triomphants aux tétons élargis par le plaisir. Ta taille fine ceinturée d'un porte-jarretelles outrancier et tes dessous de dentelle noire. Tes jambes divinement galbées de bas brun foncé. Ton cul à la fois rond ferme et doux juste conçu pour mes mains et ma bouche. L'endroit le plus attractif de toi, ta chatte pleine de crème, à peine recouverte ou découverte par ton string noir, montrant ta toison brillante et tes lèvres pourpres. Une description complète de chacun de ces jouets d'amour, et comment tu jouerais avec eux et moi. Puis je te parlerai de mon corps, mais pas avant que tu ne m'aies dit comment tu le perçois. Tu as vu mon visage, mes mains et rien d'autre. Mais je suis sûr que tu as deviné le reste en incluant la partie la plus intime et la plus proéminente..."

Jamais aucun homme n'osa m'écrire ainsi avec tant de détails et un lexique si spécifique. J'ai donc appris à lire, à comprendre, à visionner, à apprécier, à attendre encore et encore et à être, pour faire soft après tout cela, émoustillée par sa manière unique de me parler sexe.

J'ai une faculté d'adaptation très rapide et une curiosité insatiable, et sûrement pas malsaine, pour tout ce qui fait et compose la vie. J'ai appris que porter des œillères, mettre des limites et accepter le convenu et le convenant par les autres définis, n'étaient pas ma tasse de thé. Comme un mors pour un cheval sauvage.

De lui j'attendais l'extrême dans le ressenti et dans la surprise... La découverte et l'émerveillement sur un terrain qui ne nuit pas, mais au contraire apporte le meilleur bien-être qui soit. Il est sûr que lorsque le sentiment s'en mêle, la nuisance dont je parle peut s'avérer dévastatrice, oui mais à ce moment-là mon cerveau avait exclu tous points négatifs pour être heureux.

Il avait parfaitement réussi: j'avais une envie de lui incommensurable et incontournable. Mon sexe l'appelait de toutes ses forces.

"(didascalie: murmure si sensuel de son prénom que tous ses sens en frissonnent...) lorsque tu découvriras mes dessous (spécialement pensés et choisis pour ton plaisir et pour toi seul), ils te susurreront le geste idoine et il n'existera plus pour moi que le phonème douceur aux sonorités déjà chatoyantes et suaves. Douceur de tes yeux, de tes cils, de tes mains, de ta bouche, de tes lèvres, de ton sexe, de tes mots, de tes gestes: ultimes caresses sublimées."

"Entre tes doigts je veux être femme au bout du concept. Une femme au plus profond de ton âme que toi seul sais créer."

"Lèche-moi, suce-moi, bois-moi, pénètre-moi, caresse-

moi, saoûle-moi de l'alcool enivrant de ta virilité jusqu'à ma défaillance, baise-moi en prêtant grande attention à toutes mes façons de jouir, tu dois m'apprendre. Je te permets absolument tout ce qui nous comblera et bien que je sache d'avance tout ce que tu aimes, écris-moi encore tous tes fantasmes qu'il te plaît de partager, tu me fais jouir sans préalable."

"J'aime tant tes mots... Dans l'attente que nos essences se mêlent, il semblerait que nos e-mails s'entremêlent...

Ma langue et mes lèvres, soie et velours, frôlent là où tu voudras...

J'ai envie, j'ai besoin de tes mains, de ta bouche partout sur mon corps, besoin de te sentir en moi, besoin que tu me prennes encore et encore, besoin de venir sur toi afin que tu t'enfonces en moi encore plus profondément, besoin de combler le moindre de tes désirs. Je te prendrai dans ma bouche en te caressant de ma langue, de mes lèvres, de mes dents exactement là où je sais que tu aimes tandis que mes ongles se feront présents dans la tendreté de tes chairs les plus sensibles.

J'ai très envie de toi..."

J'ai toujours fait un distinguo entre l'envie et le besoin, l'un étant la forme paroxysmique de l'autre... Avec lui j'aurais dû écrire: "j'ai besoin de toi"... Mais cela m'aurait entraînée dans une spirale obtuse et aurait donné un reflet trop irisé à la pensée derrière ces mots. Et pourtant...

"Je veux que tu me savoures lentement et que tu laisses entrer le paroxysme dans notre désir malgré mes supplications..."

“Méandre tendre de membres mêlés, bouches-fusion, lèvres pulsatilles-passion.”

“Pour que nos sens soient émoussés et comblés.... Ambiance...

Lumière colorée tamisée, tu aimes tout voir de moi, en transparence et en lumière-reflet sur ma peau irisée.

Goût de nous, goût de moi (amande effectivement), goût d’alcool fort (sens propre et figuré) sur tes lèvres, sur nos bouches, dans nos bouches.

Musique blues sensuelle qui chatouille et caresse l’ouïe.

Soie, dentelles, mousseline et pointes de seins érectiles.

Effluves délicats et particuliers de la luxure.

J’ai la maturité et l’empirique pour être ainsi aujourd’hui j’ai eu mon plein de misères, maintenant je trie avec efficacité. L’ivraie out, seulement le vrai; intègre jusqu’au bout de la pensée et épicurienne. Et en amour, sache-le, intègre jusqu’au bout du cri...”

“Conquiers-moi avec tes yeux tes mains ta bouche ta voix ton sexe ton art des mots ta passion tes suprématies et tes brillances.”

“Conquise je t’offre quant à moi mes joliesses mon art de l’amour mes langages mes douceurs mes parures ma différence mes imprédictibilités et mes mystères.”

“Je baise tes lèvres toutes chaudes et te susurre à l’oreille: “Lèche-moi.”

“Ferme les yeux, laisse mes mains sur ton corps te prodiguer un fabuleux massage japonais dont j’ai le secret. Suis tes frissons et les vagues de désir qui te submergent à chaque passage de mes doigts doux et caresseurs. Sur ton visage, sur ton cou, sur ta poitrine, sur ton sexe.

Laisse flâner ton esprit au pays de l’insouciance,

donne-toi à moi avec emphase et confiance...

Tes yeux sont toujours fermés et ta chair de désir enivrée.

Puis mes lèvres ailes de papillon, mes cils plumes de colibri prennent le relais de mes mains qui se nichent quelque part sur toi. Ma bouche se fait tendre et baise tes paupières apportant fraîcheur et langueur à tes pensées. Sur tes joues mes cils aiment ta peau et la cajolent. Mes lèvres descendent à ton oreille et te susurrent des idées débridées. Prises d'une envie de découvrir un territoire inconnu, elles s'aventurent partout et trouvent un point d'ancrage sur leur chemin, dressé. Elles y accostent, ma langue se fait inventive et goûte tout de toi léchant ton sexe à l'envi. Cérémonie du thé après le massage japonais...

J'accueille ta jouissance où elle voudra éclore partout sur mon corps.

Dors bien my love,

Liz"

Jamais je n'avais ouvert mon âme, mes sentiments et mon corps de la sorte... Voluptueux tourbillon d'inspiration par lui imposée. Je m'y sentais bien, en symbiose. De son côté il ressentait exactement la même chose, je le savais...

Miracle de la technologie: mes mots lui parviendraient pratiquement instantanément et il me répondrait, alors tout dire, exprimer l'entraille sans voile de nulle sorte car l'écran y pourvoyait et permettait au tréfonds de tous les tréfonds de voir le jour. Nous sommes pionniers de cette correspondance érotique qui repousse toutes les limites. Écrivain de talent qui y excelle. La partager s'imposa alors très fortement en moi, comme un témoignage de cet apport technologique insoupçonné et imprévu de conséquences lorsqu'entre les mains de génie du verbe et de doux rêveur sentimental et sexuel.

Savoir faire d'une invention technologique de praticité une invention épidermique de sensualité... Apprentis sorciers, nous avons subi la magie de l'échange et notre amour hésitant entre virtuel et réel n'en tira que plus de force et de nourriture.

Flash back dans le futur Première cassure

Lors de notre rencontre, il me fit part du fait que ces photos que j'envoyais et notamment la première étaient là comme pour dire, et ce sont ses propres termes: "Baisez-moi, je suis là, regardez-moi".

J'ai déjà longuement expliqué pourquoi j'avais envoyé cette photo, étant en train d'écrire ce roman pour n'omettre aucun détail de ce morceau de ma vie et tout dévoiler, il est bien évident que seul un accent de sincérité dicte cette écriture. Après tout il est bien possible que son interprétation reflète quelque vérité, il sait si bien me lire avec tous les sens que revêt ce terme, inconsciemment cela voulait peut-être dire cela.

Tout bien considéré, et après m'être quelque peu ébrouée de toute cette morale judéo-chrétienne qui baigne notre éducation et laisse grande place au sentiment de culpabilité, je revendique: why not and so what?

La vie m'a maltraitée alors pour la punir je la bois cul sec... Je ne crains rien, ni personne. Je sais d'avance ce qu'elle me réserve: m'ôter tous ceux que j'aime – jusqu'à mon chat que j'adore et qui me manque tant – alors je m'y prépare avec témérité, il en est ainsi inéluctablement depuis que je suis née. Mais depuis lui, je suis décidée cette fois à attacher mon amour...

Oui j'aime l'amour surtout j'aime le faire et je suis faite pour... Au moins un intense plaisir que je lui vole à cette existence parfois trop âpre. Il m'avait d'ailleurs fait part de cette citation: "Si Dieu a créé quelque chose de meilleur il l'a gardé pour lui." Citation qui m'est pertinente.

J'ai eu, hormis deux exceptions, tous les hommes qui me plaisaient et ne regrette absolument rien!

Mon cœur tout pétri de tendresse et très accueillant s'égratigne un peu à chaque fois, mais il bat toujours et parfois plus fort. Et certains de ces hommes malgré l'absence et l'éloignement s'y ébattent toujours dans mon cœur pétri de tendresse et très accueillant.

Je refuse de vivre sur une piste de danse avec un rythme musical qui entrave l'expression de mon moi profond, et un pianiste qui bride mes goûts musicaux hétéroclites. Un homme saura peut-être me réapprivoiser un jour prochain.

En attendant je veux bouffer la vie et m'offrir le Meilleur... Et lorsqu'elle pointe son nez de méchanceté, cela décuple mon énergie pour lui montrer à qui elle a affaire.

Bien que ma condition ne m'y prédisposât guère,

j'ai fréquenté et fréquente bon nombre de gens notoires et célèbres, j'ai eu mes entrées dans la loge présidentielle à la Comédie Française, j'ai été demandée en mariage par le général en chef de l'armée israélienne – un très bel homme ma foi – je vis dans l'état le plus riche du monde – pour l'instant – j'ai beaucoup plu à Robert Redford qui, amusé par mon nom a demandé des photos de nous deux, je figure dans de prestigieuses revues de mode italiennes, habillée années 30, je voyage en première classe et une limousine avec chauffeur m'attend à l'aéroport, je fréquente les plus beaux hôtels et spas, les meilleurs restaurants... Bref tout ceci pour témoigner du fait que la hargne et la rage de vivre malgré tout ont parfois du bon. Le médiocre et la bassesse m'outrent... et je les évite autant que possible. Inutile donc de préciser qu'aucun acte dit de bassesse ne fut à l'origine de tous ces avantages obtenus. Je ne les dois qu'à des concours de circonstances... et à moi-même nantie de mon éclatante sincérité et de ma façon particulière d'aborder la vie, sans corruption d'aucune sorte.

Le fait est que SI — et seulement SI j'insiste! — pour lui cette photo voulait dire cela, au sens propre s'entend: il m'a vraiment bien baisée (terminologie peu empruntée que j'emprunte). Quitte à ébouriffer la moralité bien pensante, à sa place j'aurais, moi aussi, cueilli la fleur qui s'ouvre sur mon chemin pour profiter de l'admirer... le temps que durent les fleurs. Et quitte à fréquenter son même chemin et cheminement, j'ai, quant à moi, ébloui et conquis une étoile pour profiter de son aura... le temps que durent l'été, les pluies d'étoiles. Ex æquo...

Retour au présent Deuxième contretemps

Il est absolument hors de question de faire état de comparaisons, cela me semble primaire et peu reluisant. Cependant j'aurais aimé évoquer ses particularités, les choses qui pour moi n'appartiennent qu'à lui et à lui seul, bien évidemment à partir de mon propre sentiment avec ce qu'il implique d'empirique et d'expériences personnelles. C'est une restriction qui de ce fait peut s'avérer une réalité limitée. Juste réalité pour mes yeux et à mes yeux.

Est-il possible d'évoquer des particularités qui ne sont particularités que par rapport à d'autres particularités? Je vais m'y essayer en tâchant une fois encore d'être plus que fidèle au vécu.

Si je prends cette histoire de très haut, je veux dire en me positionnant sur un plan global, elle pourrait m'apparaître comme un exercice de style empreint de sophistication et de transcendances. En témoignent les mots choisis pour la correspondance, les conditions et lieux des deux rencontres (la première et la dernière), les propos échangés, les instants d'intimité et enfin les actes d'amour et les mots prononcés pendant l'amour. Je laisse cependant une place à la spontanéité et la sincérité indéniables de mon point de vue pour le moins. Et c'est déjà ce mariage du voulu et de l'impromptu qui rend l'aventure pétillante. Aventure par ailleurs extrêmement préparée durant quelques mois au préalable.

Je n'ai pas la prétention d'avoir une expérience très étendue sur le plan sexuel due à de très nombreux amants. Ma particularité est que mes amants, pas très nombreux je le réitère bien que tout un chacun ait une idée différente de la multitude surtout sur ce plan... Bref je suis dans la moyenne... masculine, certes. Mes amants donc jouissent d'une grande variété. Diversité culturelle prédominante mais aussi de générations. Et ce sont mon sens de l'observation et mon piqué du détail ainsi que ma sensibilité très à l'écoute qui ont forgé l'amante que je suis, et non une sexualité débridée aux partenaires en grand nombre.

Chaque homme a une manière bien à lui de faire l'amour, cela me comble: je hais la routine. J'ai adoré sa manière à lui.

Mes amants sont en général plus jeunes que moi, parfois bien plus jeunes, lui fut exception et j'y ai découvert un nouveau concept: une certaine forme de vénération, de sophistication et un savoir-faire. J'ai connu l'amour fou, la passion, le désir paroxysmique mais la vénération pas vraiment. Il a su par ses mots et ses gestes me rendre précieuse et rare. Comme une perle sauvage.

Il ne s'est jamais embourbé dans la pudeur et le non-dit, il m'a toujours exprimé sans tabou ce qu'il voyait, ce qu'il pensait, ce qu'il ressentait avec un naturel que j'ai savouré. Et ce, toujours avec un vocabulaire des plus évocateurs et une fois encore sans peur des mots; et surtout cette intelligence du verbe subtile et délicate qui me le rendirent unique et joyau. Ma jouissance intellectuelle rejoignant ma jouissance physique. Connivence de corps et d'esprit. J'ai trouvé sa sensibilité et sa sensualité exacerbées reflet de son moi profond. Certaines de ses caresses et certains de ses mots resteront à jamais dans mes replis secrets. Ils lui appartiennent, rien qu'à lui...

Je pense le connaître dans ses secrets intimes reflétant son être profond mieux que quiconque malgré tous les malgrés...

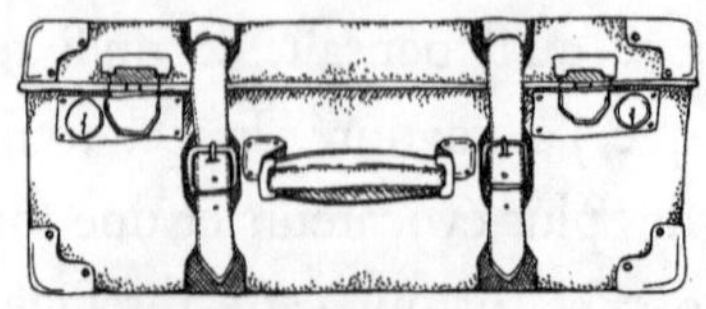

Histoire d'une valise Troisième balise

Je fus achetée plus belle que les autres. Toujours ce besoin de perfection. Flatteur mais onéreux. Elle s'est permis bien des écarts. Va manger des pâtes, bien fait pour elle pas à faire autant de chichis pour ses "fanfreluches" ça c'est pas de moi mais de lui... pour dire..., d'abord est-ce-qu'il en vaut la peine? Valse des billets et rien n'est assez bien. Amour quand tu nous tiens. Quelle sombre idiote, elle gobe tout la pauvre!

Je ne sais même pas si je vais servir alors par superstition elle me remise au placard. J'attends...

Pourquoi s'être encombré d'un objet de mon calibre? Elle tourne vraiment pas rond... Trois petits jours! Eh! Réveille-toi la Belle au Bois Dormant qui quête le baiser du prince charmant! Toutes les mêmes, quelle pitié! Je sens que je vais être lourde mais là c'est elle qu'est pesante...

Remarque tous les gros contenants qui voyagent sont au féminin, c'est à se demander... Et vas-y pour LA valise, encore mieux LA malle, voire LA mallette (hypocrite) mais le sac, l'attaché-case (beurk encore un anglicisme). Bref je m'égare...pas à l'aéroport j'espère, manquerait plus que ça. Non je m'égare dans mes simples pensées d'objet à valeur ajoutée pour oublier combien elle m'énerve. Et elle me regarde me reregarde, faut dire que c'est beau une valise, tiens si j'avais un brin de jugeote loin d'être le cas exactement comme elle sorry, je me dirais qu'elle me regarde, plus m'admire, pour mon concept.

Oh la! Je rêve ou quoi, trois semaines avant le départ et pouf je jaillis du placard. Et une robe deux jusqu'à cinq comme je la plains complètement fêlée, va se changer toutes les demi-heures ou quoi? Je possède un soufflet de secours, va quand même pas y avoir recours... Soulagée de ne pas avoir de cerveau, si c'est pour l'utiliser comme ça. Et encore je parle même pas du sexe, j'ai déjà un genre dans les deux sens du terme, ça suffit bien!

Et elle me remplit, me déremplit, me reremplit d'objet utilitaire je passe à objet de toutes les attentions. Attention v'là la lingerie qui s'pointe: pas mal... J'espère qu'il va apprécier au moins ça. Je pouffe moi je suis sûre que je vais y rester au placard, elle est vraiment pas futée la belette et j'ai un QI de valise pour dire...

Tiens qu'est-ce que je disais voilà qu'elle me vire, et le mot est correct, aux fins fonds du placard une semaine avant... J'te dis pas l'humeur! Mais non elle est juste femme fatale fataliste, au fond elle le savait mais voulait encore tenter sa chance. Pourtant remplie à la hâte et sans enthousiasme cette fois, je fis un voyage...

Quelle entêtée, quand elle veut vraiment quelque chose celle-là... "Inoubliables", "inoubliables" qu'il a dit, j'espère pour elle, elle le mérite après tous ses efforts juste sur lui portés. En attendant c'est elle qui doit me porter et je ne fais pas loin de 25 kilos, elle est folle!

Linguistique et prose Quatrième pause

J'ai la passion des langues, fascinée par le fait que l'être humain eut la capacité, possédant toutefois la même physiologie, d'inventer autant de codes de communication. Autant de façons de se comprendre ou de ne pas se comprendre...

J'ai donc toujours été attirée par l'étranger et les étrangers. Étrange palabre des plus révélatrices quant à notre appréhension de ce qui ne nous ressemble pas ou j'y reviens, de ce que l'on ne comprend pas.

Plus c'est étranger et plus cela me parle et me dit de vouloir comprendre. Autre mode de vie, autre culture, autre façon de voir et de nommer les choses.

Chaque langue recèle la culture. Posséder une langue c'est donc posséder les clefs qui donnent accès à l'identité culturelle. Il est intéressant de noter qu'en chinois le terme "épouse" s'écrit (puisque cette langue s'évoque entre autres par picto-idéogrammes) balai+ventre et que le terme n'a pas évolué, alors que pour créer le mot "ordinateur" cerveau+électricité, il a bien fallu concrétiser le concept qui passe par le vocabulaire et de ce fait apporter une touche moderne suivant l'évolution de la société, pas pour une épouse apparemment… De même, le terme "paix" s'écrit avec une femme sous un toit, tandis que le mot "dispute" se dépeint par trois femmes sous un toit… Parfois deux suffisent…

Si j'ai choisi certains de mes amants parce qu'ils venaient d'autres pays et de ce fait parlaient une autre langue, c'est parce que cela répondait en moi à ce besoin de satisfaire une curiosité quant à l'autre, mais également parce que j'aime que l'on me parle dans une autre langue que les miennes (étant bilingue voire trilingue de naissance). Cela m'érotise un maximum que l'on me murmure à l'oreille des mots que je ne comprends pas toujours lorsque je fais l'amour.

Et il choisit l'anglais pour converser. Cela me plut d'emblée. Érotisme exotique à l'expérience unique.

Je sais de par mes études et aussi de façon empirique que lors d'une forte émotion c'est dans sa langue maternelle que l'on s'exprime et que comme je ne sais plus quel philosophe ou écrivain le fit remarquer, l'on ne peut exprimer l'amour que dans sa langue maternelle. J'adhère à l'idée car l'amour est émotion.

Mais lui parlait d'amour et de sexe dans une autre langue que celle de sa naissance. Bien que je trouvais ("trouvasse" est correct mais de par trop désuet) cela très beau et extrêmement bien tourné quant à la sémantique et la syntaxe, l'impact sur mon ressenti à la lecture fut bien différent de celui que je pus ressentir lorsqu'il s'exprima en français.

Mais l'aspect ludique n'est pas à omettre, nous partagions un jeu, une joute sexuelle très galvanisante euphorisante et grisante dans laquelle on pouvait percevoir la montée des propos pour atteindre le sacré ainsi consacré car ultime dévoilement du corps et accessoirement du cœur et de l'âme.

Je me suis posé la question quant à l'utilisation de l'anglais: jeu, donc rôle pour ne pas être trop dans le réel. Le réel ne pouvant admettre le sérieux ou l'évidence de tout sentiment éprouvé. Sous forme de jeu théâtral, tout était acceptable puisque le rôle s'achèvera à la fin de la pièce et que chacun reprendra son identité... Identité construite par l'utilisation naturelle de sa langue maternelle.

J'en étais là de mes pensées analytiques lorsque:

"Strange, among so many other strange features: I only write to you in English, whereas we speak French when we talk. Do you mind? Some words sound nicer in French than in English, some the other way round. For the first time, I write down that I'm focused on your "gorge", your "lèvres", your "chatte", your "allure"... With you."

"Fait étrange parmi tant d'autres: je t'écris uniquement en anglais, tandis que nous conversons en français. Cela te gêne-t-il? Quelques mots sonnent mieux en français qu'en anglais, pour d'autres c'est le contraire. Pour la première fois j'écris que je suis concentré sur ta "gorge", tes "lèvres", ta "chatte", ton "allure"... Avec toi."

"Tu es exquise (voilà que je t'écris en français !)."

"You speak English, I answer in French. Do I deserve the type of love you think of for me? No French, unconsciously. De quelle manière mériterais-je d'être aimé?"

"Tu parles anglais, je réponds en français. Est-ce-que je mérite la forme d'amour à laquelle tu songes pour moi? Inconsciemment je n'ai pas écrit pas en français. De quelle manière mériterais-je d'être aimé?"

"J'ai très hâte de te lire ! En anglais ou en français? J'hésite aussi quant à la langue (!) que tu attends de moi dans cet exercice. Dis-moi."

Mélange subtil des deux langages et des deux langues me susurrait-il... Avait-il lu dans mes pensées? J'adorais qu'il m'écrive en anglais pour les raisons ci-dessus évoquées. Mais bizarrement lorsque je le lisais en français c'était comme si ce n'était plus lui... Je lui en fis d'ailleurs part et très gentiment il s'exécuta reprenant l'anglais, mais après une cassure dans sa vie il m'écrivit essentiellement en français. Il s'en étonne lui-même "(voilà que je t'écris en français!)." Or, comme je l'ai mentionné précédemment l'émotion engendre l'expression en langue maternelle. C'est un fait indiscutable, dont mon travail auprès d'étrangers fut maintes fois témoin. C'est alors que ses messages en français exprimés trouvèrent un chemin bien plus direct pour atteindre, et le terme me paraît trop romantique donc limité mais je n'en trouve pas d'autres, mon cœur. Cela rendit également la chose plus sérieuse à mes yeux. Quelque part il s'était départi d'un rôle et entrait de plain pied dans la réalité. Besoin de "réassurance" – le mot me vient et me plaît ainsi – qui passa par l'utilisation de notre langue commune ou évolution de la relation? Je n'ai jamais trouvé la réponse. Il ne nous est jamais venu à l'idée de nous exprimer oralement dans une autre langue que la nôtre.

Du conflictuel Cinquième panel

Toute relation humaine, et de façon étendue toute relation entre toutes espèces vivantes, passe par le conflit. Toute construction et formation de la personnalité chez l'enfant ou les bébés animaux passent par l'opposition, la mesure par rapport à l'autre. Se "frotter" à autrui fixe les limites et détermine le respect de la barrière à ne pas ou ne plus franchir. L'un triomphe, l'autre abdique ou meurt. Question de domination/soumission et d'affirmation de ce que l'on est.

Le rapport de force est dicté par l'existence elle-même, la notion de survie étant basée sur la suprématie.

Heureusement l'évolution a rendu cette notion très policée et elle transparaît au quotidien sous des formes subtiles et édulcorées. Cependant elle existe toujours se montrant d'essence inhérente à la biologie donc, inéluctable.

Une des différences majeures entre les êtres est l'art de la gestion de ce conflit inévitable. Lorsqu'il est mal géré, il peut dégénérer jusqu'à la guerre (sens propre et figuré) car l'expression extrême de la non-résolution du conflit est le meurtre qu'il soit passionnel ou de guerre (sens propre) et plus subtilement l'abrasion jusqu'à parfois la disparition de l'essence de l'autre, à cause de l'usure issue des multiples frottements (sens figuré).

Bien évidemment notre relation bien que d'ordre virtuel car ne fonctionnant que par le biais de l'écriture (pas de haussement de voix, d'épaule, de ton, des yeux...) n'échappa guère à cette forme outrée de communication. Tout vint un jour à la suite d'un e-mail égaré dans la vaste machinerie digestive – et pour moi magique car incomprise – des circuits imprimés des ordinateurs.

Fait peut-être anodin mais il s'agissait là d'une missive d'importance clef de l'élaboration de la continuité de l'échange à un niveau supérieur.

Comme je l'ai déjà mentionné auparavant, je ne sais plus faire confiance désormais et tout "bug" induit de la méfiance et de la suspicion avec en arrière plan la notion de trahison par le mensonge dans sa forme la plus primaire, par l'acte nuisible et détériorant dans sa forme la plus élaborée.

Il m'écrivit donc:

"Ce dimanche. Grand accès de panique: reçois-tu mes courriers (trois lettres brûlantes depuis 24 heures)? Je crains un dysfonctionnement informatique. Rassure-moi, s'il y a lieu."

"Please answer me about your receiving of this mail, which I'm sending thru another way."

"S'il te plaît dis-moi si tu as reçu cet e-mail que je t'ai envoyé par un autre biais."

"Je ne sais plus comment faire, mes mails ne t'arrivent plus, je suis désespéré. Je ne connais rien à la technique. Je vais essayer de t'appeler demain lundi, sans te réveiller: tournage. Je t'avais écrit mes plus belles lettres..."

Ce à quoi je répondis:

"Tu retrouves tes lettres ou c'est moi que tu ne retrouvera pas."

L'émotion à la colère due me fit même faire une basique erreur d'orthographe! Avec le recul je me dis que ses écrits étaient tout de même bien empreints d'un brin de vérité. Peu m'importait, le frottement était là, il devait ne pas piétiner mes limites... On ne me frustre pas de la sorte, genre on me passe le gâteau sous le nez en me disant: dommage pour toi il aurait vraiment été très bon, c'était le meilleur gâteau que je n'aie jamais fait na na na...

Il répliqua:

"No threats, please!"
"Pas de menaces, s'il te plaît!"

De par la teneur de sa réponse, je pense qu'il avait perçu la gravité de l'affaire et mon sérieux (en général je ne m'exprime pas pour ne rien dire, et il le savait). La situation rentra dans l'ordre après qu'il m'eut calmée en m'envoyant un résumé de la teneur de "ses plus belles lettres". Que je trouvai vraiment très belles...

Mes hypothèses furent les suivantes, bien qu'à l'évidence, il maniait mal l'outil informatique, un excès de pudeur pas de son chef mais à mon égard, était à l'origine d'un éventuel mensonge comme pour un peu pour tâter et préparer le terrain. En partant du principe qu'il avait dit vrai quant au fait qu'il n'avait jamais écrit de la sorte à aucune femme, peut-être éprouvait-il quelque crainte vis à vis de ma réaction à la réception de lettres si vertes… Un rejet était toujours possible, il avait déjà constaté mon impulsivité et mes répliques immédiates peu encombrées d'ambages.

J'avais cependant du mal à croire qu'il n'avait jamais écrit de la sorte à personne…

Ce que je pourrais penser de lui, quelle serait ma façon de le percevoir après de telles confessions aussi crues dans leur expression lexicale étaient sans doute problématiques alors autant y aller tout doucement. Avancer sur des sables mouvants demande prudence.

Il est évident que depuis le premier regard nous savions tous deux ce que nous voulions et quelle en serait l'issue. La démarche au-delà du but en soi est intéressante, se joue comme un jeu d'échecs. Il avançait sa dame mais attention à mon cavalier, rien ne doit être laissé à découvert sous peine de perdre la partie… Aussi rien de moins tangible qu'une relation par ordinateurs orchestrée. Il me préparait donc psychologiquement à ces futurs messages très osés. Tout en aiguisant ma curiosité tout en finesse.

Ce fut ma première hypothèse basée sur le fait que la technologie reste fiable sur certains points précis comme la réception d'un e-mail et la mise en mémoire des e-mails envoyés.

L'homme soumis à une trop grande pression qui parfois peut l'étouffer, trouve alors une soupape de sécurité dans le mensonge, certains maîtrisent cet art à la perfection et bien souvent, pas de leur fait originellement, ils y sont poussés par le piège qu'on leur tend et qui peut se refermer sur eux à tous moments; je le comprends parfaitement même si je voue une haine tenace au fait d'être emberlificotée dans le mensonge. Ne pas aborder la vérité ou la dissimuler par omission, bien plus hypocrite, me sied mieux malgré tout.

La deuxième hypothèse était: il dit vrai mais cela m'étonnerait. D'où mon courroux.

La chasse n'est pas toujours aisée pour ces pauvres représentants de l'espèce masculine... Je comprends et je compatis...

L'homme est physiologiquement ainsi conçu: pour la survie de l'espèce il faut qu'il s'accouple le plus possible et dissémine sa semence de toutes parts pour protéger la vie, voilà pourquoi je ne crois guère en la notion de couple pour la vie. Et de fait je plains l'espèce masculine d'avoir à jongler avec ces deux facteurs: le désir insoumis qui engendre la procréation et la morale sociale qui enjoint à la cellule familiale. Alors quand en plus s'en mêle l'amour avec son contrat exclusif, voilà des vies bien chaotiques en perspective...

J'en suis arrivée à ce niveau de compassion et d'indulgence envers les hommes récemment, juste après le décès de mon père. Sa vie fut sans doute des plus chaotiques... Beaucoup de femmes (beau et charmeur), beaucoup d'enfants issus de plusieurs de ces femmes. Et bien qu'il m'abandonnât, je lui ai toujours voué un grand amour.

Lorsque je m'enquis auprès de lui afin de savoir pourquoi autant d'enfants dont il ne s'occupa guère, du moins les premiers et les derniers, il eut cette réponse à laquelle je ne m'attendais pas: "Pour ne pas mourir."

À sa mort, je ne reçus absolument aucun témoignage de sympathie de qui que ce soit, personne ne lui pardonnant la façon dont il mena son existence. C'est alors que je me mis à réfléchir sur ce jugement inflexible même devant la mort, et je tâchai de le comprendre. D'où cette analyse quant à la condition masculine.

Chapitre parenthèses pour une synthèse

Arrivée à ce point du récit, il me tient à cœur de préciser que toutes les idées et analyses que j'énonce concernant ces différentes approches métaphysiques me sont absolument propres et n'engagent que moi.

Depuis l'enfance j'ai appris à réfléchir et à comprendre par moi-même faute de mentors comme je l'ai déjà expliqué, réticente à toutes formes d'apprentissages livresques, bien que j'y aie toujours trouvé un grand plaisir et une excellente source pour devenir autodidacte. Cependant je suis ainsi faite que même nantie et enrichie par ce savoir expérimenté et distillé par les autres, j'aime avoir ma propre réflexion sur mon environnement. Je suis également dotée d'un esprit très critique qui perçoit tous les détails comme les enfants car je suis restée une enfant n'ayant jamais eu mon comble de parents.

Ainsi donc toutes mes idées précédemment évoquées ne sont dictées que par une expérience personnelle suivie d'une analyse afin de ne plus souffrir ou d'évoluer ou encore juste forger ma personnalité sans guidance ou encore de m'enrichir. Il me semble être plus créative et plus performante lorsque mon esprit n'est pas bridé par l'apprentissage préalable. J'en veux pour preuve ma récente expérience cinématographique: rentrer dans un rôle d'actrice novice me fut aisé, car je me sens innocente. Je veux dire je n'ai pas été pétrie par le carcan de l'apprentissage et peux alors laisser libre cours à mes émotions, à mes expressions proches de ma réalité et de mon moi puisque non modifiées par l'enseignement. Cela transparaît à l'écran m'a-t-on dit, pour le meilleur effet.

Dans les prochains chapitres j'aborderai d'autres sujets basiques dont est pavé le chemin de vie et je réitère le fait que leur approche sur le plan du raisonnement n'est que de mon fait, sans doute peu révolutionnaire et pas complètement hors des sentiers battus selon l'expression toute faite, je n'ai pas cette prétention. Ainsi donc, à partir de mes expériences vécues, j'ai tiré ma propre morale dont je fais état dans ces écrits grâce à ce merveilleux outil informatique, que je dompte un peu mieux chaque jour, lié à mon cerveau aux multiples méandres.

De la jalousie Sixième partie

“You know what? I’m afraid I’d be awfully jealous if someone even touched your skin! I am certain of the uniqueness of our relationship, in words, in thoughts, in sex attraction. I easily admit other men’s desperate courting, it sounds just normal to me. You are so breath-taking. I think of you constantly, with devotion, expectation, desire, tenderness. I am not so far away, please keep it in your (European, romantic, different) mind. I’m yours all.”

“Tu sais quoi? J’ai bien peur d’être affreusement jaloux si seulement quelqu’un s’avisait de toucher ta peau! Je suis certain que notre relation est unique, dans les mots, les pensées, l’attirance sexuelle. J’admets volontiers qu’il y ait des hommes qui te courtisent désespérément, cela me semble normal. Tu es à couper le souffle. Je pense constamment à toi, avec dévotion, attentes, désir, tendresse. Je ne suis pas si loin, s’il te plaît garde cela à l’esprit (ton esprit européen, sentimental, différent). Je suis à toi, entièrement.”

"Thanks for the precious gift: not so many can claim they know your phone numbers, isn't it? Be sure I'll make a quite selective use of them. I felt your looking at me while on stage one hour ago, it was ever so sweet and exciting. At a time you crossed your legs for me, I could hardly remain concentrated. I see you in black because of those stills. Except this scarlet lipstick of yours! Be sure I call you soon. Be sure you haunt my dreams. Be sure San Francisco is not so far away from Paris. Yours."

"Merci pour le précieux cadeau: bien peu peuvent prétendre qu'ils connaissent tes coordonnées téléphoniques n'est-ce-pas? Sois assurée que j'en ferai le meilleur usage.

J'ai ressenti ton regard sur moi, il y a une heure lorsque j'étais sur scène, ce fut à la fois si doux et si excitant. À un moment tu as croisé tes jambes pour moi, j'ai eu alors du mal à rester concentré. Je te vois en noir et blanc à cause de ces photographies. À l'exception de ton rouge à lèvres écarlate! Reste persuadée que tu peuples mes rêves. Sois assurée que San Francisco n'est pas loin de Paris. À toi."

Il me confia plus tard qu'à chaque fois qu'il me téléphonait (bien souvent durant la nuit pour des raisons de fuseaux horaires certes mais peut-être aussi inconsciemment pour s'assurer qu'aucun prétendant ne partageait mes nuits...) dès qu'il composait mon numéro lui venait alors une érection des plus remarquables bien gênante parce que bien difficile à dissimuler...

Pour qui d'autre aurais-je pu croiser mes jambes?...

"Another point. Strangely, I am jealous of this outstanding Russian guy, who obviously looked nicer than I do, and pleased you intensely at first sight. I am afraid your next chapter will deal with your sex complicity. Now, I claim that no one ever conceived for you those thoughts I let you know about. And I want to be sure you never wrote to anybody the kind of literature you send me.

Forgive the over simplicity of those feelings: I feel awkward, but unable not to confess it all. We agreed on our mutual total frankness.

Your red lips, your black lashes, your glorious tits, your wonderful arse are meant for me, as well as your art of love. I hope you never mentioned your tongue before: the crazy making games you play with it are privately owned..."

"Un autre point. Étrangement, je suis jaloux de ce beau Russe, qui à l'évidence était plus beau que moi et qui t'a plu intensément au premier regard. J'ai bien peur que le prochain chapitre ne fasse état de votre entente sexuelle. Désormais je revendique le fait que jamais personne d'autre que moi n'a conçu les pensées dont je te fais part. Et je veux être sûr que tu n'as jamais écrit ce genre de littérature à qui que ce soit.

Pardonne-moi la simplicité de ces sentiments: je me sens maladroit, mais incapable de ne pas tout confesser. Nous nous sommes mis d'accord sur notre totale et mutuelle franchise. Tes lèvres rouges, tes cils noirs, tes seins glorieux, ton cul merveilleux sont faits pour moi, ainsi que ton art de l'amour. J'espère

que tu n'as jamais mentionné ta langue auparavant: les jeux fous inventés auxquels tu te livres avec, sont propriété privée."

Ce Russe qu'il évoquait fut un de mes amants. Dans un de mes ouvrages dans lequel je fais part de toutes mes liaisons amoureuses, cet amant Russe tient une place prépondérante pour quelques-unes de ses particularités, notamment sa beauté et la couleur exceptionnelle de ses yeux, mais également les aptitudes d'amour que je ne me connaissais pas et qu'il me révéla... Alors oui sa jalousie se justifiait au moment où il l'écrivait excepté le fait que l'on ne peut être jaloux d'un souvenir et qu'il apprécia grandement mon aptitude d'amour par cet amant révélée.

"Some sort of a love dream, spiritual and sensual. We shall proceed, further and deeper. I can almost feel the taste of your intimate liquor flowing into my throat while I kiss and lick your erected love mount. And can hardly wait till you make my cock yours, exclusively."

"Comme un rêve d'amour, spirituel et sensuel. Nous continuerons plus loin et plus profondément. Je peux presque percevoir le goût de ta liqueur intime qui coule dans ma gorge tandis que je baise et que je suce ton mont d'amour érigé. Et je meurs d'impatience attendant que tu fasses de ma queue ton exclusive possession."

Je ne m'y attendais pas... Qu'il éprouve de la jalousie sentiment intimement lié à l'amour hélas, me laissa perplexe et pantoise. Selon Marcel Proust, nous prenons le problème à l'envers. Pour lui c'est la jalousie qui engendre l'amour. Le manque d'une personne ou l'inquiétude de la voir s'intéresser ailleurs, nous la rend plus présente voire obsédante: principe même du sentiment d'amour. Quoi que fusse la "vraie" théorie, j'avais du mal à croire qu'il m'aimait et surtout ne voulais pas y croire. Notre histoire dans la vie réelle était vouée à la voie sans issue. Impasse, d'une part, jalonnée de quand? et de où? pour nos rencontres. Le rejoindre à chacun de ses impératifs professionnels à l'autre bout du pays, me semblait du domaine du possible une fois en passant, mais pas de façon régulière pour de multiples raisons qu'il appréhendait tout aussi bien que moi... Son emploi du temps supportait-il la moindre possibilité de souplesse-liberté pour me rejoindre, et encore et surtout, le voulait-il? Je ne le ressentais pas.

Impasse d'autre part quant à la détermination de mon statut inhérent à la place qu'il voulait et/ou pouvait m'offrir et m'accorder dans sa vie. Liaison chaotique et difficile à entretenir d'un point de vue matériel, éloignements spatio-temporels s'entend. Restent alors les e-mails: peut-être lassants, redondants et vides de sens à la longue, puisque malnutris. Sujet plutôt délicat et de fait absolument jamais évoqué bien sûr. Alors être amoureux pour la beauté, l'émotion, les vibrations et les souvenirs sans jamais s'ancrer dans le réel, juste pour rêver le temps d'épistoles échangées. Seule explication plausible car pour prendre forme dans la vraie vie, les ailes que donnent l'amour eussent dû soulever des montagnes... Cet amour-là relèverait-il le défi? Mon sens rationnel connaît la réponse, mais ce qui peuple mes pensées peut s'accommoder juste du concept de l'amour, moi aussi je suis une rêveuse... Tout ceci analysé, disséqué, énoncé n'a pas la prétention de mettre en doute cependant sa sincérité à l'écriture.

Je suis absolument incapable d'avoir des relations sexuelles avec un homme sans sentiment hélas, car sans sentiment mêlé au sexuel ma vie eut été plus simple, mais aussi bien moins intense. Mais tout n'est que question d'équilibre.

La différence réside dans l'intensité et la profondeur des sentiments ressentis que je pourrais graduer ainsi: passion fusionnelle dévorante, passion, amour fou, amour, tendresse, inclination.

À bien regarder ma liste le mot qui m'attire le plus est "amour" car dans sa simplicité il revêt l'essentiel.

D'amour pour lui je ne voulais pas trop en ressentir je voulais qu'il soit dans la partie "diminuendo" de ma liste... Oui mais voilà s'il existe au monde quelque chose d'autant insoumis et irrationnel que l'attraction pour l'autre, j'aimerais savoir quoi. En bref la volonté et la décision n'ont pas trop voix au chapitre...

L'amour a ce côté impératif, il s'impose sans demander son avis à celui ou celle chez qui il agit en territoire conquis. Et il colle à la peau...comme un tatouage.

Je le savais lié donc intouchable...

Alors pourquoi avancer la carte du sentiment? Pour pousser le jeu en ses extrêmes, pour avoir le loisir de rêver ou alors de faire succomber pour mieux tenir? Pour être sûr d'atteindre le but par ce chemin épineux? Il savait qu'il n'y aurait que trois petits jours de partage, il l'avait prévu ainsi et je le savais donc aussi..

Mon côté très terre à terre et extrêmement proche du concevable et du réel me disait de ne pas m'aventurer sur ce chemin, de prendre cette aventure comme une douceur qui fond dans la bouche et disparaît dans l'estomac après trois minutes de plaisir sur la langue éprouvé. En l'occurrence il s'agissait de trois jours...

Je savais aussi empiriquement que les hommes revendiquent l'exclusivité de leur conquête avec ou sans sentiment cela m'est très difficile de me prononcer sur ce point. J'ai toujours remarqué que, bien que l'on classe l'intuition comme aptitude essentiellement féminine, les hommes sentent parfaitement bien lorsque leur capture leur échappe...

J'ai vécu des situations dignes de vaudevilles, la plus rocambolesque est la suivante: j'avais un nouvel amant pour la première fois dans mon lit, un précédent amant frappant à ma porte et un antépénultième amant au téléphone un dimanche matin à 10:00 heures! Bien sûr j'avais rompu toute relation avec ces deux précédents amants. Je le précise au cas où...

Inutile de décrire mon embarras! Je ne m'en sortis pas trop mal grâce à mon esprit prompt à gérer les tuiles d'ordre inattendu.

De même, peut-être en aura-t-il le souvenir car il me regardait à ce moment-là, le soir où je le rencontrai je reçus un texto de mon amant, fait très inhabituel de sa part comme je l'ai déjà mentionné. Il communiquait essentiellement par e-mails avec moi. Avait-il pressenti de ce qui se tramait?... Les coïncidences m'interpellent toujours. Rappel: on ne se sert que de 5% de nos capacités cérébrales... Certains peut-être davantage...

Mon mari me téléphona un soir alors que j'étais au restaurant avec celui qui deviendrait mon amant. Fait des plus inhabituels pour lui, car depuis le début de notre mariage ayant une vie en solo non par choix mais par imposition de sa part, il ne s'était jamais préoccupé auparavant de savoir si j'allais bien lors de ma sortie... Il faut dire que c'était la première fois que je sortais avec un homme qui me plaisait beaucoup depuis que nous étions mariés...

J'ai d'autres exemples encore qui m'ont donc porté à la conclusion que les hommes perçoivent que "leur" femme ne le sera bientôt plus.

Et ce sentiment d'appartenance me paraît bien étrange... J'ai eu dernièrement une conversation avec un ami qui me disait que la jalousie et l'amour sont indissociables. Qu'obligatoirement lorsque l'on aime, cela implique l'exclusivité. La jalousie est provoquée par l'éloignement de l'autre ou l'éventualité de cet éloignement, par son attraction pour un autre ou une autre, or s'il y a attraction pour cet autre c'est bien parce que l'amour ou/et le désir éprouvé est émoussé voire pire.

Les hommes majoritairement et certaines femmes n'ont pas besoin d'amour pour faire l'amour, tout est simple alors. Pouvait-il se permettre de l'avouer lors d'une cour assidue en passant outre le sentiment?

Cavalier certes mais réel, peut-être trop. Et comme je l'ai écrit précédemment les hommes revendiquent l'exclusivité de leur conquête peut-être sans même éprouver d'amour, juste par instinct.

Question amour, avec lui j'étais donc très tiraillée entre l'envie de croire et le besoin de ne pas croire. L'une nourrissait la rêveuse ciel à ciel, l'autre la réaliste terre à terre. Entre ciel et terre, je n'ai toujours pas choisi... Je ne veux pas... Même si...

La jalousie à mon sens, est liée à un sentiment d'insécurité, à un manque de confiance en soi. C'est une explication piètre et primaire qui dévoile de façon trop simpliste tout ce que peut recéler ce complexe sentiment pétri à la fois de dignité et de moins digne. J'ai toujours connu des hommes jaloux, même très jaloux leur manière de l'exprimer fut bien différente cependant. Un autre de mes écrits relate et s'attarde sur ces émotions de vie.

J'ai été bien évidemment confrontée à ce sentiment, mais ma première pensée fut de tâcher de comprendre pourquoi celui à qui je portais de forts sentiments s'était détaché de moi pour aller vers une autre, j'avais dû ouvrir une porte. Comprendre pour pouvoir pallier, ne pas renouveler l'erreur. J'avais aussi préféré tout casser et recommencer ailleurs plutôt que de vivre avec un homme pour lequel je ne comptais plus comme avant, car lorsque l'on recolle la théière elle est moins jolie et en plus elle fuit... Il me fallut beaucoup, beaucoup de courage pour ce faire, mais je veux choisir ma route. Forte d'un autre savoir qui me permettrait peut-être de mieux réaliser le prochain amour. La vie sentimentale est faite d'accompagnement de l'être aimé tout le temps que l'amour dure. Mais je pense que tout meurt même l'amour. Il est d'ailleurs reconnu que l'amour, la passion fait place, longueur de temps oblige, à la lassitude. Alors langueur d'amour à dévorer pour les passionnés qui le revendiquent, avides de tous les tourbillons d'émotions qui font se sentir si beaux et si vivants et érigent le plaisir en maître absolu. Comment garder cela en sourdine au fond de soi?... Puisque ce n'est pas être soi...

Lui et moi sommes du même bois: amoureux de passion et de la passion. Être alors assez intelligents et imaginatifs pour la faire vivre longtemps et sans blessures. J'en rêve, mais qui? À aujourd'hui le seul en qui j'ai pu ressentir ces capacités hors du commun, c'est lui. J'aurai eu dans ma vie avec lui cinq mois de partages de mots, trois jours de partages d'amour. Surtout, surtout ne pas faire mentir Mallarmé. Une belle histoire pour un bel ouvrage.

J'ai adoré ses textes forts et plus que romantiques qui m'ont littéralement transportée et j'ai été touchée par son besoin de se savoir unique pour moi. Il le fut. Il me fit découvrir des moments de vie qui me bouleversèrent d'émotion. Rare faculté, jamais appréhendée de la sorte auparavant.

Du virtuel au réel Crescendo sexuel Septième ciel

1 LUI

Je dois avouer que jamais aucun homme ne m'écrivit comme il le fit quant à la qualité et la quantité. Un de mes rêves profonds a toujours été de pouvoir réunir ces deux termes en fusion totale en ce qui concerne l'acte d'amour. Ses écrits déterminaient-ils son zèle sexuel? Tout le laissait entrevoir.

La correspondance informatique avait ce pouvoir d'anticipation très excitant, de nourrir tous les fantasmes et toutes les attentes.

Chacun de ses textes fut à la fois bouleversant et extrêmement voluptueux. Je les relisais à l'envi avec tant d'envies. Qu'il me perçoive toujours au plus précis et ce depuis le tout début de nos échanges ne cessa jamais de m'étonner et ne pouvait m'empêcher de penser même si je me réfrénais très fort, que nous étions faits l'un pour l'autre et que notre entente serait intellectuelle, sensuelle et sexuelle sans doute aucun.

Ce que je ne savais pas encore c'est que du papier ou plutôt de l'écran donc de la pensée conceptuelle à la réalisation dans le réel, nous respectâmes tout ce qui fut ébauché. Comme un plan d'architecte qui se transforme en maison.

Scène érotique 1

"Mais les merveilleuses pointes de tes seins sont apparentes comme jamais! Merci de me les offrir dans leur douce couleur rose et leur prometteur volume, alors qu'elles ne sont pas (encore) raidies de plaisir. Rouge et noir, teintes fréquentes de tes parures les plus sexe: je prends tout ce que tu me donnes, m'en repais, m'en enchante. Baisers, oui, et beaucoup plus."

Les pointes de mes seins, il les vit pour la première fois dans l'eau de mon bain...

Il eut la requête suivante: "Est-ce que je peux y assister?" Un doute en moi... Assister... à ma plongée dans la baignoire? Assister à quoi, en fait? Avec le recul je pense que c'est effectivement à cette scène de toilette intime qu'il voulait assister, mais ainsi était-il conçu: percevoir la moindre hésitation suggérant le désaccord en l'autre, le faisait revenir un brin en arrière. Mes yeux expressifs avaient dû lui faire savoir qu'il se montrait là un peu trop inquisiteur pour une première approche... Alors...

Comme je devais ranger toutes mes affaires, il me laissa entendre que c'était ce déballage qu'il souhaitait partager, ainsi me regarda-t-il sortir tout ce que j'avais préparé soigneusement pour lui, pour lui plaire, pour luire pour lui et par extension pour nous. Pour me parer pour l'amour...

Je le trouvai doux. Dans sa voix, dans ses gestes, dans ses mots, dans ses attentions.

Mes sentiments étaient mêlés, je me sentais à la fois petite fille qui fait voir tous ses jouets à la personne qu'elle aime et sorte de call-girl, le terme est fort et impropre, mais je n'avais jamais rejoint auparavant un homme que je ne connaissais pas au réel du moins (car il serait faux de dire que je ne le connaissais pas après ces mois d'échanges) dans une chambre d'hôtel pour y faire l'amour.

Mais j'étais aussi confiante et à l'aise, devisant avec lui de manière plaisante et naturelle tout en désemplissant ma valise. Me vint l'envie de me rafraîchir, les voyages en avion n'étant pas des plus appropriés pour se sentir belle et désirable...

Je ne pus résister à la baignoire... Je les trouve toujours un peu petites pour mes longues jambes ces baignoires, mais j'aime à m'y prélasser. Ce fut lui qui fit couler l'eau de mon bain... Il y avait bien longtemps que je n'étais plus habituée à ces attentions masculines et je ne savais pas trop comment réagir devant tant d'empressement.

Plaisir de l'eau chaude sur la peau... Plaisir d'être nue... Plaisir et tentation empreinte de retenue de le savoir si proche...

Dans l'eau j'y étais, à l'eau je m'y jetais, je l'appelai. Je suis d'habitude pudique et n'aime pas me montrer nue mais avec lui je ne le ressentis pas. Agenouillé au bord de la baignoire, les manches de ses vêtements trempant dans l'eau il commença à me caresser et à me regarder. D'abord mes seins qu'il prit effectivement dans sa bouche et les pointes "se sont raidies de plaisir".

J'aimai ce contact doux et soyeux. Mon souvenir le plus excitant reste cependant lorsqu'il regarda mon sexe, puis se mit à le caresser et l'entrouvrir. J'ai encore l'expression de son regard chaviré en mémoire. Douceur volupté. Puis il me demanda de lui faire goûter ma cyprine: "Enfonce un doigt dans ta chatte et donne le moi" et je m'exécutai sans aucune gêne avec le désir de lui plaire. Je revois encore mon majeur englouti entre ses lèvres... Et "il prit tout ce que je lui donnais" j'étais prête à lui offrir tous ses caprices, qu'il s'en soit "repu", "enchanté" je lui laisse le soin de l'exprimer lui-même, quant aux "baisers" nous en échangeâmes beaucoup et je trouvai sa langue fort douce. Et le "beaucoup plus" arriva...

Scène érotique 2

"There is one essence you did not mention, ever so crucial, which exudes from our months when we kiss, which will shine upon your lips and mine, crown your nipples and fill up your sex, cover up my cock till the long awaited moment when all our intimate liquors taste and exhale the same. I will spend this coming day thinking of this special fusion. A special day, then. Yours yours."

"Il est une essence que tu n'as pas mentionnée, tellement essentielle, celle qui exsude de nos bouches lorsque nous nous embrassons, elle brillera sur tes lèvres et les miennes, elle couronnera les pointes de tes seins et emplira ton sexe, jusqu'à cet instant tant attendu où toutes nos liqueurs intimes auront le même arôme et le même parfum. Je passerai ce jour qui point à songer à cette fusion particulière. Un jour d'exception donc. Je suis à toi, à toi."

Les seules sécrétions que le corps humain exhalent et qui me sont non seulement tolérables mais également appréciées sont les larmes, le sperme et la cyprine, de par leur connotation émotionnelle et mon goût pour leur goût. J'avais partagé cette particularité avec lui et j'avoue que ce qu'il évoqua quant au mélange de l'eau de nos bouches distillé sur les parties les plus intimes de nos corps, me caressa la peau, le cœur et l'âme. Ce que je voyais unique et spécifique, il le rendit pluriel comme le "notre" adjectif possessif qu'il adjoint à la chambre d'hôtel qui devint alors partage à parts égales, tout comme nos sécrétions. Il maniait le duo avec brio. Cette aptitude me le rendit admirable et précieux.

Nos bouches s'unirent et mêlèrent leur eau encore et encore et il me dit: "Le baiser est un acte d'amour fort et voluptueux tout à fait comparable à l'union sexuelle, tu ne crois pas?"

J'eus en bouche toutes nos saveurs entremêlées et je ne lui ai jamais dit que le goût de son sperme fut ma liqueur préférée...

“Comme elles sont grosses, belles, érectiles! Combien elles doivent t’apporter de plaisir! Je les sucerai, je les mordrai jusqu’à les rendre énormes et à te faire jouir comme tu aimes. Je les imagine déjà raidies jaillissant de ton soutien-gorge, bientôt brillantes et tendues par mes baisers, emplissant ma bouche de leur fort volume. Ah, comme je voudrais célébrer tes seins et t’en rendre fière! Imagine le plaisir fou que tu m’offriras en enserrant entre eux ma queue démesurée, dont le gland à vif et brûlant caressera tes pointes, tandis que tes lèvres gourmandes à leur tour le suceront!

Je te baise, et plus si affinités...”

Le futur (“je les sucerai, mordrai...”) se fit présent, présent aussi son sexe dardé. La première fois en général n’est pas toujours exceptionnelle, il faut se découvrir et se découvrir avec érotisme. Avec lui ce fut fluide. Mais subsistait toujours en moi cette retenue et aussi je ne comprends toujours pas pourquoi j’eus des pensées pour mon précédent amant. Le cerveau est vraiment d’une extrême complexité...

La seule chose qui m’étonna fut son regard, je le compris plus tard le désir y avait glissé une part d’eau troublée. Il me “baisa” et les “affinités” se révélèrent par la suite lorsque nos corps firent plus ample connaissance.

Scène érotique 3

“Avec quel bonheur! Oui, je te baise, je t’emplis de moi, je me nourris de toi, et tu t’endors comblée de plaisir. Je ne t’ai vue qu’habillée, furtivement, “en live”. Je t’ai dégustée en photo, à moitié nue, parée pour l’amour. Je t’attends, bientôt: tu seras vêtue pour moi, peu à peu la parure s’effacera -strip-tease à quatre mains- nous serons l’un à l’autre, l’un en l’autre. L’expression de ton regard, fût-il épuisé, dit ton émotion attendrie. Je te baise au tréfonds, Liz, tu jouis sans plus t’arrêter, je jaillis jusqu’à ton cœur.”

Je me suis vêtue pour lui, il m’a dévêtue comme il l’a souhaité à demi puis en entier. A enlevé “ma parure d’amour”. Nous fûmes “l’un à l’autre, l’un en l’autre” et oui “mon regard fut épuisé et ému”.

Lorsqu’il me pénétra cette fois-là mon plaisir fut vif et intense, mon désir à son acmé. Je le sentais parfaitement en moi et je ne fus plus que “cette chatte brûlante” dont il me parla. Ses mots amplifiaient encore mon plaisir de par leur sensualité, de par leur évocation, j’aimai beaucoup qu’il me commente ce qu’il voyait, ce qu’il ressentait de façon directe, crue et tendre. J’attendais aussi l’inattendu... Je voulais qu’il me prenne comme jamais je ne l’avais été, qu’il soit à la fois doux et violent... et il le fit... Je me souviens du bruit du froissement des draps lorsque son corps changeait de position, bruit qui me faisait attendre ce qui allait suivre et être attentive à tout ce qui allait suivre. Je voulais que ces moments durent et que son sexe dur également me caresse l'intérieur et me comble dans les deux sens du terme pendant des heures.

Scène érotique 4

"En ce moment, tu dors, tu rêves d'amour, tu mouilles, ta chemise de nuit est trempée, comme le sont tes culottes et tes strings quand dans la journée tu penses à moi. Comme je les trouve émouvantes alourdies de tes sécrétions intimes, dont l'abondance, le goût et le parfum doivent rendre fou! Je les embrasse à peine bouche, et à travers elles, ton intimité écartelée par le désir. Je savais de tout temps ton goût pour la lingerie sexy, révélatrice impertinente de tes appâts (j'aime ce mot très Grand Siècle), et je me demande quand tu as conçu cette galerie de photos noir et rouge. Ta garde-robe intime? Tu viens d'y ajouter le plus exquis des détails: ces gants noirs objets d'amour, que je rêve de te voir porter aussi à nos retrouvailles. Je sens que tu as des idées quant au plus excitant usage que tu pourrais en faire... Du sexe, de la passion, de la tendresse. Ce sera délicieux. J'ai l'impression de n'être plus que mon sexe, démesuré, à vif, douloureux en l'attente de toi. Je sais que tu sauras lui réserver la plus inoubliable des attentions..."

De fait, il embrassa et lécha les sécrétions intimes de mes sous-vêtement rendant ce liquide si précieux qu'aucune goutte ne méritât de se perdre. J'aurais aimé que tout de moi lui fut autant précieux...

Je sus réserver à son sexe la plus inoubliable des attentions apportant à chacun de mes gestes tendresse et passion. Tendresse de ma langue sur la peau de son gland gonflé de désir pour moi, passion dans mon regard dardé dans le sien, tendresse de mes mains gantées qui effleuraient sa queue, passion de mes ongles présents sur ses chairs intimes emplies de sperme qu'il gardait pour moi afin que je le fasse jaillir quand bon me semblerait.

Virtuellement:

"Exactement ce dont je rêve. Tu connais le secret des hommes, tu as deviné le mien. Ce "geste si banal et tant représenté", tu l'accomplis en experte de la beauté et de l'intuition. Tu as tort, c'est rarissime. Toi, tu sais ce qu'est une verge d'homme, et son attente. Je veux porter au gland l'empreinte de ta bouche maquillée de rouge, et t'entendre commenter à mon oreille les gestes d'amour qui te comblent comme moi. Mon sperme bouillonne dans mes bourses tendues et douloureuses, il est tien."

Réellement:

De par nature je suis plutôt appliquée et perfectionniste et quoi que je fasse j'aime à ce que le rendu de mon exécution me satisfasse. Perdre temps et énergie pour un résultat moindre ne me plaît pas. Alors lorsqu'il s'agit de donner du plaisir à un homme qui me tient à cœur je m'y consacre pleinement.

Il me parla de la peur éprouvée par certaines femmes face à un sexe d'homme, notion qui m'est totalement étrangère, je n'y aurais même pas pensé. Pour moi un sexe d'homme est source de plaisir... pour deux. J'en aime tout: la forme, la douceur, la fermeté, le goût, le glissement, les petits plis et replis. Alors je n'eus pas assez de ma bouche, de mes lèvres, de ma langue et de mes dents pour le sucer, le caresser, le lécher, l'érafler, m'insinuer, aspirer et effleurer. Tandis que mes yeux se plantaient dans les siens, je m' appliquai à distiller le plaisir que je pouvais voir dans ses yeux s'épanouir. Envie de le faire jouir.

J'aime regarder.

Tout savoir est pouvoir, tout plaisir est addiction; je sais et peux prodiguer ce type de caresses des heures durant avec toujours le même enthousiasme. Mes mains savent aussi s'accorder au rythme et se perdre là où elles sont appréciées.

Virtuel:

"Je veux que tes lèvres si expertes s'ouvrent sur mon gland, que ta langue caresse la partie la plus sensible de ma queue, que tes mains la branlent avec amour et, que tes longs ongles laqués en parcourent la longueur et la tension. Quand le foutre jaillira, tu en boiras avec gourmandise les premières gorgées, les suivantes inonderont ton visage, ton ventre, tes seins. Approuves-tu ce merveilleux programme d'amour (parmi tant d'autres à décrire et à vivre)?"

Réel:

Mes lèvres rouge carmin et brillantes se sont ouvertes sur son gland, ma langue a caressé la partie la plus sensible de sa queue, mes mains l'ont branlée avec amour et mes ongles laqués en ont parcouru la longueur et tension. J'ai approuvé ce merveilleux programme d'amour.

Virtuel:

"Je t'inonderai de mon sperme, ta liqueur préférée. Je voudrais te séduire par ma queue et mon foutre, que sa saveur, son parfum, sa consistance te ravissent. Tandis que je t'écris, combien mon érection est violente et douloureuse! Mais ma queue caressée, sucée, branlée par toi grossira encore deux fois plus. Tu l'aimeras."

Réel:

Sa queue fut caressée, sucée et branlée par moi, elle grossit deux fois plus. Je l'ai aimée. Tout me séduisit.

Virtuel:

"Oh, ces gants d'amour, sur tes poignets, Liz! Que tu portes pour caresser ma queue, bien sûr. Tu m'écris d'amour, de désir au milieu de la nuit, nous manquons défaillir..."

Réel:

J'ai porté mes gants d'amour pour caresser sa queue, je lui ai parlé tendresse et désir, nous avons défailli au milieu de la nuit.

Et enfin virtuel-réel:

"Avec quelle émotion! Doucement, lentement tout d'abord, ma queue pénétrera ton con épuisé de baisers et de caresses, que tu auras ouvert pour elle de tes beaux ongles laqués. Je t'enfile de toute la longueur et la grosseur de ma queue, elle aussi à vif tellement tu l'as sucée et branlée. Au tréfonds de ton être, dont mon gland touche l'extrémité comme si j'atteignais ton cœur. Alors je te baise avec violence, je te fais hurler de plaisir, nous perdons presque conscience tant nous avons envie. Tu jouis sans arrêt, prenant mon sexe entre les lèvres de ta chatte gluante de cyprine comme auparavant celles de ta bouche. Je vais jouir au fond de toi. Quand enfin le sperme jaillit, nous croyons mourir d'extase."

Je n'ai rien à ajouter tout s'est exactement passé comme il le stipula un mois auparavant...

2 ELLE

Elle aussi passa allègrement du texte virtuel à l'acte réel effaçant ainsi la moindre de ses frustrations auparavant éprouvées...

"Si tu voyais mes seins... A cette période de mon cycle, ils sont au maximum de leur plénitude. Un peu douloureux certes mais je compte sur toi pour les caresser et les embrasser, en prendre les pointes entre tes lèvres, tes dents afin de transformer cette douleur en un plaisir intense (zone érogène chez moi par excellence, tu le savais...)

Je veux tes baisers fous au creux de mon cou pour me faire frissonner. Je veux tes mains-caresses à l'intérieur de mes cuisses avant de plonger dans mon intimité. Je veux que tu me fasses jouir avant (cela décuple mon plaisir) de me pénétrer tout doucement puis de façon appuyée et rythmée par la cadence que je te donnerai grâce à mes reins flexibles. Je veux tes baisers sur ma langue et tes mots fous et doux."

Ses yeux, son regard posés sur moi, sur mon corps me manquaient horriblement. Je me sentais belle et désirable uniquement pour lui, grâce à lui et je voulais qu'il le voie, qu'il s'en rende compte. La frustration ainsi ressentie donna lieu à toutes ces descriptions élaborées et créées à cause de son absence physique. J'adjoins ce qualificatif au mot "absence" car dans mon cœur et dans mon âme il était plus que présent.

Alors je laissai libre cours à tous mes fantasmes, tous mes rêves éveillés, comme si en leur donnant vie avec ma pensée exprimée au moyen de vocables que je partagerai avec lui, ils pourraient combler la frustration si intense...

Il s'occupa avec attention et délicatesse de toutes les parties ci-dessus évoquées et il me fit l'amour étiage et marée montante.

"Chapitre un: Fiction

Nous avons rendez-vous dans une chambre d'hôtel au bord de la mer...

Je t'attends, je suis dans un bain parfumé et je me sens lascive et vaporeuse goûtant à la quiétude des lieux et aux effluves bienfaisants de l'eau moussante de mon bain. Je prépare mon corps pour toi, il sera doux, parfumé et accueillant.

Je dompte mes cheveux, me maquille avec soin comme tu aimes, m'éclabousse de deux parfums car j'aime être unique et me drape dans un peignoir Rita Hayworthien après avoir moulé mon corps dans un corset noir, un string et des bas nylons aux hauts de dentelle là où s'attachent les jarretelles.

Vérifie si je suis assez belle.

Lorsqu'enfin tu arrives, je serai émoustilleuse passant ma langue sur mes lèvres, caressant subrepticement la naissance de mes seins de mes doigts fins aux ongles peints, ou encore rajustant tour à tour bretelles et jarretelles. Et... effleurant ma bouche du tube de lip gloss cerise avec volupté et extrapolation en glissant mes lèvres l'une sur l'autre. Porte la montée du désir à son état paroxysmique...

Juste le regard c'est tout ce que je t'autorise alors que nous dégustons quelqu'alcool pour désinhiber la première fois.

Alcool que tu pourras lécher sur mes lèvres lorsqu'après regards pénétrants et mots pénétrés nous aurons envie de plus sans plus attendre...

Je voudrais qu'alors avec tendresse et hardiesse tu m'évanouisses sur le lit, me couvre de tes baisers et de tes morsures et aussi d'incomparable douceur. Et maintenant prend place ta "love scene".

Je ne poursuis pas, je précède: les préliminaires ont un instinct féminin my love...

Lèvres rouge carmin luisantes de gloss, ongles longs du même rouge, yeux de noir cernés, cils ulra longs et épaissis de mascara, cheveux fous éparpillés sur l'oreiller. Corps enduit de lait parfumé au gardénia doux et entêtant, combinaison de dentelles et chaussures aux talons vertigineux et pointus, peignoir de soie rouge sang.

Elle est allongée voluptueusement entrouvre son peignoir, ses cuisses et dévoile une lanière de string dissimulant le centre de son sexe. Puisque la combinaison est échancrée entre ses cuisses, elle y a aisément accès et glisse un doigt sous la lanière afin de libérer ses chairs intimes qu'elle caresse avec dextérité et douceur. Elle enfonce un doigt dans son vagin lui permettant ainsi de ressentir à la fois la douceur détemprée de son intérieur sur son doigt et à la fois le mouvement de son doigt dans son sexe. Elle se mord les lèvres...

Comme apéritif et amuse-gueule: un petit strip-tease à la sauce Liz... (je ne l'ai jamais fait...promis juré mais je ne sais pas pourquoi, il me semble que tu aimerais ça ...)

Imagine mes mains glissant sur mes cuisses afin de dévoiler leur chair en ôtant mes bas ... Imagine la dentelle et le string que je ferai glisser très doucement entre mes jambes en me caressant... Imagine mes seins emprisonnés si heureux de se sentir enfin libres et frémissant des douceurs de mes mains, afin que tu en admires les pointes érectiles... Imagine mon regard-charbon voluptueux et embué de désir pour toi... Imagine ma bouche luisante car par ma langue humectée... Imagine mon corps nu pile et face dévoilé rien que pour ton regard...

Comme hors-d'œuvres: mes caresses les plus volatiles et les plus subtiles partout sur ton corps. Imagine mes cils sur ta joue, dans ton cou, sur ton ventre et sur ton sexe. Imagine mes baisers, mes caresses sur tes lèvres et partout où il m'en prendra l'envie, rien que pour te faire frissonner, haleter et bander...

Comme plat de résistance: ma bouche, mes lèvres et ma langue délicatement affairées à tirer le plaisir le plus extrême des parties les plus sensibles de toi. Te ferais-je jouir dans ma bouche?... Peut-être...

Comme dessert: mon sexe offert pour toi à tes yeux, à tes mains, à tes lèvres et à ta queue qui en me pénétrant tirerait le plus aspiré, soufflé et sensuel de mes soupirs-gémissements...

Comme alcools: notre jouissance-arpège enivrante et grisée de passion et de crus... Nos voix-murmure échangeant mots-armagnac et mots-liqueur...

L'eau de vie finirait ces agapes en toute splendeur..."

J'avais tant envie qu'il me dévore, alors je composai ce repas d'amour juste pour lui... Il évoquait lui aussi très souvent ses actes d'amour envers moi par le biais d'actes nécessaires à la survie, tout en métaphores: "Je te bois..." "J'ai faim et soif de toi..." "Je me nourris de...". Le physique: nos bouches, se mêlant au métaphysique: se nourrir l'un de l'autre, révélant ainsi un amour des plus extrêmes qui soient.

Nous fûmes repus l'un de l'autre ainsi qu'il l'avait, comme toujours, énoncé, prévu, anticipé, visualisé et extrapolé. Comme un metteur en scène qui peaufine son scénario avant de le filmer.

Il me transcendait...

"J'entrouvre ma bouche de rouge carmin habillée sur ton gland dardé vers moi, je l'accueille entre mes lèvres dont tu ressens la douceur, la pression et l'humidité. Ferme les yeux et ressens-moi.

Ma main à la fois fine et forte enserre ta queue et imprime un mouvement qui te plaît en harmonie avec les succions de ma bouche. Ma langue se promène lentement et s' infiltre effrontément dans tout ce que tu m'offres, tout ce que je prends. Mes yeux de noir habillés se plantent dans les tiens avec cette expression qui noie le regard de l'eau troublée du désir. Tu peux apercevoir mes seins qui aimeraient être caressés et sucés et qui t'appellent.

Mon autre main enserre là où se concentre ton sperme et mes ongles laqués rouge se font présents en dosant le plaisir. Mes dents t'éraflent puis suit la douceur de ma langue qui te goûte goulûment. Je t'aspire avidement, tu ne vis que par cette extrémité de toi dont j'abuse avec envie.

Je te murmure aussi des mots acides et miel qui me rendent capiteuse. L'extase dure et tu t'oublies face à ce monde que seule mon instinct de femme peut te faire découvrir. Ce geste si banal et tant représenté, je saurai le rendre unique pour toi. Et m'éblouirai du jaillissement de ton plaisir intense qui trouvera refuge dans ma gorge, sur ma bouche qui s'enorgueillira d'une brillance extrême, sur les pointes de mes seins et mon ventre soyeux qui recevront cette chaleur comme le plus voluptueux de tes cadeaux. Tout en moi frissonnera de t'avoir amené à ce que la nature humaine a de plus beau: le partage du bonheur."

Il m'avait fait part du fait qu'il avait particulièrement aimé mon expression "ma bouche s'enorgueillira d'une brillance extrême…" Je suppose que l'image évoquée doit être déjà très excitante pour un homme, mais j'y avais ajouté un concept auquel il n'avait pas était insensible: j'étais fière d'avoir son sperme sur mes lèvres… À dire vrai c'est juste, mais j'ai aussi choisi ce terme pour ses phonèmes et sémantique poétiques, gracieux et inattendus dans le contexte.

De même alors que je lui avais écrit: "Je veux luire pour toi" lui faisant entendre ainsi que je voulais être si belle au point d'en étinceler et ce uniquement pour lui et grâce à lui, il m'avoua qu'il avait apprécié l'expression la trouvant "pas mal tournée". Tout cela m'amène à la remarque suivante: les hommes ont parfois besoin de combler un certain manque de confiance en eux par le biais du regard doré qu'une femme porte sur eux. La terminologie ne reflète pas complètement ma pensée, je ressens que la nuance de "confiance en eux" en est bien plus subtile. Le couple fait d'amour est pour moi équilibre qui équilibre.

Par ailleurs, je savais qu'il me voyait à juste titre comme un experte de ce que l'on nomme cliniquement la fellation: "D'un côté ça m'emmerde…" m'avait-il avoué car selon lui je m'y étais entraînée sur plus d'un sexe d'hommes…

"… mais d'un autre ça me plaît car tu y excelles." J'aime pratiquer cet art ainsi qu'il l'a justement écrit, cependant je ne m'y suis pas adonnée pleinement avec lui, j'y apporte d'habitude quelques touches personnelles grandement appréciées que je n'eus pas le loisir de lui faire découvrir, question de moment et de tempo... de note bleue...

Quel est le but en soi de tout acte d'amour? Donner du plaisir et en recevoir je sais très bien faire les deux... Pour notre plus grand bonheur partagé. Il eut lieu, concept empirique désormais s'étant échappé une fois encore du monde du virtuel.

Que tous nos fantasmes et rêves éveillés partagés aient pu s'installer de façon si naturelle et en si peu de temps dans notre vécu, me paraît d'une rareté à souligner. Cela devait être déjà stipulé quelque part sur la route de notre destinée...

Lui *Elle*
Eux

"On ne peut pas aller plus loin."

Pause apnée...

Poésie-harmonie
Huitième symphonie

Eucharistie

Tout ne fut que symbiose
Symphonie ou syntaxe
Et aussi
Seins lourds de sens
Seins pour les sens
Mouillés d'eau-toilette

Et de baisers esthètes

Plongée intime
Yeux et caresses
Au centre ultime
Délicatesses

Bouche eau-suprême
Lèvres appliquées
Plaisir distillé
Le long du désir érigé
Volupté extrême

Calice-délice
Union-communion
Accord de corps
Pensée complice

Tout ne fut que rouge écarlate
Egarement mutuel qui soudain éclate
Au-delà de soi naissance en l'autre
Presque mourir ou défaillir
Vie transfert
Le féminin en lui comblant le masculin en elle

Complétude Infinitude Plénitude

La rareté de l'instant fit naître une émotion
De souffle ôté et de verbes exempte
Née de l'union unisson d'harmonie sensuelle
Il fut elle elle futile religieusement unis

EN UN ÉPITOMÉ D'EUCHARISTIE

>ON NE PEUT PAS ALLER PLUS LOIN<
FURENT SES MOTS DU MOMENT
DOTÉE D'UN SIXIÈME SENS ELLE SAVAIT DEPUIS TOUJOURS
QUE CETTE PHRASE EN AVAIT DEUX.

"Apaisement. Intériorisation, mémoire des mots, des scènes rêvées, des poèmes de chair. Allégement. Attente..."

UN AUTRE MOT QUI COMMENCE PAR A ET FLEURIT EN MOI AMOUR

"Un geste sublime, qui me traverse l'esprit: tes beaux seins alourdis de désir, les pointes déjà raidies saillant de ta lingerie mauve, posés doucement sur mes paupières. J'en éprouve l'infinie douceur, le volume, tu sens mes cils battre sur les mamelons dressés, tu les saisis et les portes à mes lèvres, ils deviennent si gros qu'ils emplissent ma bouche qui les suce, et tu défailles de plaisir... Sur ma queue démesurée par tes caresses et tes baisers, à l'endroit le plus sensible que tu as décelé, tu glisses le talon extrême de tes stilettos: pure beauté... Je le détache de tes pieds ombrés du gris raffiné de tes bas, le porte à ma bouche, en caresse délicatement les lèvres ouvertes, brillantes, brûlantes de ta féminité, et tu jouis à nouveau. Fantasmes? Oui, de ravissement esthétique et sensuel. Revendiqués. Et bientôt réalité, dans ce que tu as justement qualifié de "suprême

volupté, le bonheur partagé". Qu'en dis-tu?"

UNE CARESSE INÉDITE QUI ME DONNA PLAISIR-DÉLICE INTENSE CONTRE TOUTE ATTENTE. APPARTENANCE TOTALE DE MON CORPS RIEN QU'À LUI QUI POUVAIT EN DISPOSER À SON GRÉ.

"Tu es belle, de partout. Yours, all."

AVEC LUI JE ME SENTAIS AINSI.

"Que notre histoire soit à ce jour encore virtuelle, comment pourrait-il en être autrement? Reste qu'elle s'est certes nourrie de fantasmes, mais aussi d'un vrai échange, sans même parler des sublimes images qui peuplent nos rêves, ou des poèmes que nous nous sommes inspirés. De toi, je n'apprécie pas seulement le somptueux décolleté, même si tes seins nus traduisent en fait une façon d'être au monde. A tout de suite Liz."

REGARD EXTRÊMEMENT DIFFÉRENT SUR MES SEINS DEPUIS CETTE PHRASE...

"Adoré le mauve, le noir, et par-dessus tout le poème (c'en est un) autour d'un geste d'amour. Pensées... choisies ! Yours, all"

"J'oubliais: j'adore que l'onguent d'amour coule en abondance du cœur de ton être. C'est la plus enivrante des liqueurs. J'en boirai les gorgées

entières que tu feras jaillir de ta source pour moi, à ma bouche pour le recueillir. C'est un geste sacré."

"Intimité, secret, féminité: l'objet est si beau. Je savais ta couleur rose, que mes baisers et mon sexe feront virer à l'écarlate. Ton clitoris me parle depuis des semaines, je le baise et le baise, l'érige et le caresse. J'ai envie de ta toison mordorée parfaitement modelée, de ce grain de beauté protégeant le sanctuaire. Car ton beau secret est sacré. Je m'enchante de cette étroitesse voluptueuse à ma queue enserrée d'amour, sucée par tes lèvres intimes et leur onguent fluide aussi divinement que par ta bouche. Combien j'attends cet autre geste sacré, tes longs ongles caressant et entrouvrant pour moi, mon regard, ma bouche, mon gland, les portes intimes de ta volupté. Tes gestes de plaisir sont d'une artiste, eux aussi, raffinés, intenses, élégants dirais-je, et par-dessus tout immensément excitants."

TOUS CES GESTES JE LES AI INVENTÉS POUR LUI, JUSTE POUR LUI. ART ESSENCE QUI DARDE SES SENS.

"Je prends tout de toi, Liz. Je baise tes chevilles en tes 13 cm de talons (un minimum pour toi), je frémis en admirant tes jambes de déesse, j'admire ta robe trop tout, portée avec un seul string. Et puis dans le secret de notre chambre, tu te changes devant moi, tu revêts bas fumée et porte-jarretelles bleu nuit, tu choisis d'autres escarpins osés et un soutien-gorge triomphant qui enserre tes seins et

leurs pointes dressées...

Comme si nous inventions, créeions pour nous seuls: cela s'appelle de l'art. N'ai je pas toujours pensé que tu es une artiste?

Je le sens, je le sais, par le verbe et pour l'amour qui se rejoignent dans l'intimité. Et en plus de tes traits, de ta plastique, il y a ton âme pure."

PURETÉ DE L'ÂME ET RARETÉ DE PLUME. RAVISSEMENT DE FEMME ET CŒUR ÉCUME.

"Je bois ta bouche."

IL POUVAIT, POUR LUI JE ME SENTAIS OASIS.

"Liz, l'image incarnée du désir. Tu es incroyable, inégalable de sensualité. Ta bouche ouvre sur l'éternité. Tes bouches. Il m'arrive de douter que ces splendeurs me sont promises et exclusives. Quelle affolante garde-robe! Quel art de la mise en scène amoureuse: magnifique."

"Quelle gravité sur tes traits! Contraste troublant entre ton sex appeal et le sérieux de ton expression. Entre la provocation de ta pose (ô la jupe fendue sur le porte-jarretelles !) et la mélancolie de ton regard. Je me remémore notre rencontre, tu m'as attiré d'emblée par ton mystère, nullement par ce que tu m'offres depuis, ton inépuisable imagination érotique. J'ai été frappé que tu acceptes la conversation, que tu m'y incites, que tu sembles

concentrée sur nos propos. Tu étais intense par ton regard, qui n'a plus quitté le mien. Pouvais-je imaginer le prodige de féminité assumée que tu recélais sous l'attention ironique? Je n'ai pas même entrevu tes seins, tes jambes, j'ai simplement pris ta main un instant, les ongles au naturel, et j'ai adoré le dessin de tes lèvres. Je voudrais que tu mouilles pour moi autant que je bande pour toi: je ne suis pas inquiet, c'est le cas. N'est-ce pas?"

MON SEXE NE CESSE DE PLEURER L'ABSENCE. ET ENCORE ET TOUJOURS MON ONGUENT D'AMOUR SE DISTILLE DANS LES REPLIS DU TEMPS.

PRODIGE DE FÉMINITÉ, MYSTÈRE, DESSIN DE LÈVRES ADORÉ. PERCEPTION DE MON ÊTRE AU-DELÀ DES FENÊTRES. À LUI SEUL AINSI JE PUIS APPARAÎTRE.

"Je ne dors plus, hanté par tes images. La dernière, la plus affolante de toutes, prise de plus près, rend justice au dessin de tes lèvres, à ta chevelure éployée, au parfait laquage de tes ongles. Surtout, la splendeur généreuse de ton décolleté, tout de douceur sensuelle, contraste avec ce que nous aimons tant tous les deux, la tension extrême du porte-jarretelles sur ta cuisse voilée de noir. C'est toi, Liz, cette juxtaposition de l'infiniment soft et de l'extrêmement hard. Ne manquent que tes jambes, et leur longue forme parfaite. Tu parlais des larmes, de la cyprine et du sperme: n'oublie pas le jus de nos bouches, qui fera luire tes pointes et ma queue, il est aussi sacré. Tu es la plus belle, la plus émouvante, la plus sexe."

Pour lui j'étais prête à être alcôve icône prêtresse presqu'île envoûtante extrême brûlante.

"Tu es lumière. Tu es la plus vivante et aussi la plus abstraite. Œuvre d'art et de chair. Hantise sublime."

J'étais iris sacré reflet lumière dans son regard. Me perdre dans son cœur, dans son âme afin de m'y lover, hantise sublime. Et lui tatouer la peau afin de le rester.

"Dès lors que du sang exsude de ton corps, il est nectar. Mais je t'offre mon sperme et m'abreuve de la crème parfumée de ta chatte.

J'ai soif et faim de toi. Je me bats, j'arrive à écrire, j'aspire à la fluidité, beau mot que tu choisis bien (mais "luire pour moi" n'est pas pas mal trouvé: tu es une artiste). Tes fluides délices, je les bois tous, même les plus intimes, je suis fier de les désirer.

Les mots perdus, je les retrouverai. Je te parlais comme jamais du poème de ton âme, de notre rencontre comparable à celle d'Apollinaire avec Lou, de l'acte de foi que je décèle dans l'extrême tension de tes bas et la splendeur de tes pointes jaillissant de ta dentelle noire. Liz, comme "a thing of beauty, a joy for ever" (Keats), poète de l'amour dont le sexe est un autel sacré où je me régénère. Douceur, tendresse, passion, nos mots, nos seuls mots, nos seuls gestes désormais, n'est-ce pas? Yours all,"

"Objet de beauté, délectation éternelle" pour lui oui.

Douceur, tendresse, passion: bouquet d'amour à l'autel de nos unions déposé.

Ces mots, nos mots furent nos seuls gestes... Ces gestes, nos gestes restent mes seuls mots...

"J'ai ton ultime message au cœur et au sexe, je le saurai par cœur désormais.

Je cours, je cours aujourd'hui, et j'ai à chaque instant plus envie de toi. Mon corps me surprend: see what I mean? À vite,"

"Oui, je sais que je sais te faire jouir comme personne, comme jamais. Je réussirai demain, pour cela aussi. Je te baise avec passion."

Succès succédané. Il a su me baiser avec passion. Le temps du passé trouble mon temps présent.

"O dear, thank you for your sentimental diary. I can actually feel the sweet taste of your melting mouth in mine. Sex is haunting me, sometimes hardly, sometimes tenderly. You are the aim, the focus, the furnace. I love it. Send me new photos, I miss other angles. Yours, so much."

"O chérie, merci pour ton journal sentimental. Je peux, de fait, ressentir le goût suave de ta bouche fondant dans la mienne. Le sexe me hante parfois de façon appuyée, parfois plus subtilement. Tu en es le sommet, le point de mire, l'énergie. J'aime cela. Envoie-moi de nouvelles photos, certains angles me font défaut. Tellement à toi."

ÉGÉRIE ADULÉE, ONDINE TENTATRICE, IMAGE SUBREPTICE.

"I claim my taste for talking about your supreme attraction. You provide me with visions, dreams, expectations, excitement.

I'm healing you, you say? You are invading me, I feel alive and sexy."

"Je revendique mon inclination pour évoquer ton attraction suprême. Tu m'offres des images, des rêves, des attentes et de l'excitation.

Tu dis que je te guéris? Tu m'envahis, je me sens vivant et sexy."

TU M'OFFRES DES MOTS D'EXCEPTION. BAUME CAMPHRÉ, VOLUTES DE VOLUPTÉ SUBLIMÉE.

T'ENVAHIR: DOUX-DÉLIRE.

"I buy it all, your chapter one, my most! Later in the day, I will proceed to an enriched chapter two on your own selected basis. Let me confess how proud and dignified I feel to inspire such a loving sophistication. Maybe you will explain, one day, which intuition made you notice me. My staring at you seems pretty logical: was the reverse equally expectable?"

"J'achète tout ton chapitre premier, ma sublime! Plus tard, je m'attacherai à l'enrichir d'un chapitre deuxième fondé sur tes propres éléments. J'avoue combien je suis fier et honoré d'inspirer une telle sophistication amoureuse. Peut-être m'expliqueras-tu un jour quelle intuition a fait que tu m'as

remarqué. Mon regard insistant semble tout à fait sensé: le tien était-il prévisible?"

L'INTUITION D'AMOUR NE S'EXPLIQUE PAS. MAGIE DES REGARDS. ALORS QU'ELLE PUISSE MOURIR EST DÉSESPOIR.

"With you Liz, love is but a poem of words, of gestures, of thoughts. Not only does it bring together all our senses: it also upsets our grounds, making us tumble and swoon in an unknown world of feelings, where past and present mix up with dreams. .. appears as a beginning as well as a completion, an earthly vision of the utmost. At this moment, the hardest part of me enters the softest part of you, we think we're dying with pleasure. We are."

"Avec toi Liz, l'amour est un poème composé de mots, de gestes, et de pensées. Non seulement il touche tous nos sens: mais il remue aussi nos ancrages, en nous bouleversant et en nous entraînant dans un monde de sentiments inconnus, où le passé et le présent se mêlent avec les rêves. Tosca apparaît à la fois comme un commencement et un achèvement, une vision de paradis terrestre magnifié. À cet instant-même mon endroit le plus dur entre dans la partie la plus douce de toi, nous croyons en mourir de plaisir. Il en est ainsi"

WE DID... IL EN FUT EFFECTIVEMENT AINSI. LA FORMULATION ENJOLIVÉE DE NOS DEUX SEXES ENVISIONNÉS ME FIT FRÉMIR DE VOLUPTÉ.

CEPENDANT...

"J'ai relu toute notre correspondance aujourd'hui. L'ébauche des sentiments et leur spirale sublimée y est fort perceptible. Se déchiffre aussi le frottement des caractères suivi du frottement des épidermes.

Également présente cette lecture fine et transparente à cœur et à corps découverts. Et cette écriture élaborée

d'arabesques images et de mots transcendés. Y perce aussi la fraîcheur presque candide et la force d'un amour tout neuf qui réveille l'âme des jeunes années.

Cette histoire qui est nôtre à nulle autre pareille interpelle et questionne mais se laisse vivre avec délectations et frustrations fertiles.

J'ai hâte de toi..."

Et puis:

"Envisages-tu sans ciller un automne, un hiver de Liz dépeuplé?"

"Liz's book of verse! Spirited! What about your performing art? Keep me posted, it's taking place at this very moment I guess."

"La poésie de Liz! Sémillant! Qu'en est-il de ton rôle au cinéma? Tiens-moi au courant, tu dois être en train de jouer en ce moment-même, je pense."

D'un revers de main ébauché et réalisé tout fut décliné. Les mots d'amour uniques sont uniquement au présent déclinés. Pas de futur pour l'avenir... Sujet tabou à éluder, il me le rappela frivolement...

Triple croche

anicroche
Anecdote temps présent

Hier sur la terrasse de mon restaurant préféré je rêvais à la lune me demandant si chez lui aussi elle avait cette belle couleur orangée, lorsqu'un homme m'a abordée.

Dès les premiers instants, il me complimenta sur mes mains d'abord, mes vêtements, mes chaussures et le vernis rouge de mes ongles de pieds. Son regard s'égara sur mes seins, je me dis qu'il savait apprécier le féminin avec art et détails et que c'était un dragueur aguerri.

Lorsqu'il qualifia les Californiens de superficiels, je le gratifiai d'un: "It's superficial to say that Californian people are superficial". Il fut surpris et amusé par ma réplique...

Il est New-Yorkais (j'adore cette ville), partage sa vie entre la Russie, New-York et la Californie. Il vient juste d'y acquérir une maison tant il a aimé l'endroit.

Il a donc trois toits, en chinois un homme sous trois toits pourrait vouloir dire quoi, sachant que trois femmes sous un toit est la dispute?...

De l'art des mots Neuvième propos

Les mots ont mille pouvoirs et celui qui sait les manier en a tout autant. Bien sûr lui il sait.

Pouvoirs de convaincre, d'émerveiller, d'enamourer, d'émouvoir, d'instruire, de partager, de transcender, de créer, de consacrer, d'endormir, de caresser et de faire rêver.

Lui il possède l'art des mots qui ne peut être sans sensibilité profonde et sans savoirs multiples.

J'ai relevé dans tous ses envois et ses mots, un vocabulaire communément affilié à la religion. Bien qu'il me fît part du fait, alors qu'au pied d'une église nous croisions des chanteurs du Christ, qu'il n'avait aucune foi en la religion, je remarquai cependant qu'un de ses écrits recélait plus de cinq termes religieux.

Je trouvai le texte très beau comme de coutume et donc je ne m'y arrêtai pas plus que ça.

C'est lorsque je le rencontrai et que nous en discutâmes que je compris la teneur exacte de son choix lexical. Il n'est rien de plus qui m'émerveille que ma prise de conscience des choses et par lui j'eus plusieurs révélations.

N'ayant moi-même absolument aucun attrait

pour la religion quelle qu'elle soit, je n'ai reçu aucune éducation en la matière et mes connaissances sont basiques.

Je perçois le mot "eucharistie" désormais grâce à lui.

L'exceptionnelle communion que nous vécûmes il la qualifia "d'eucharistie". Transfert de corps. J'aime les sonorités du terme et grâce à lui j'en aime la définition que j'ai touchée de très très près.

J'ai eu dernièrement un rêve flou apparenté à une vision dans lequel je nous vis sexuellement unis, et la fusion de nos deux sexes donnait naissance à une étoile d'une luminosité intense nous scellant l'un à l'autre... Je relate sans commenter tant je fus et suis encore subjuguée par cette image.

Je pense l'acte sexuel inhérent à ce que l'on nomme la quête du divin au sens large. En effet regardant un jour un film qui montrait un derviche tourneur, je me fis la réflexion, après le commentaire qui nous apprenait qu'une telle danse fut créée pour se rapprocher de Dieu, que l'acte qui se répète, l'action sans cesse recommencée jusqu'à un aboutissement révélateur de joie et de bien-être est une quête du divin.

Que ce soient les derviches tourneurs, les prières, les mantras, certains gestes de religion réitérés et redondants (hochements de tête etc...) les refrains, les rimes, les mandalas et le coït ce sont là des actes transcendantaux.

Une question: nous sommes-nous enfoncés dans un jeu de rôles tellement puissant, car soutenu par des fantasmes de tous les instants de par la forme de communication usitée, qui nous a mené à cette extase extrême guidée par la fonction cérébrale, ou sommes-nous réelles moitiés réunies de mystère? Ou tout simplement avons-nous ressenti un désir et un amour partagé? Trop commun pour une telle sensation éprouvée...

L'amour est un mot avant que d'être un concept.

Une autre révélation d'un tout autre ordre fut de son fait et lorsque j'y pense elle m'émeut malgré moi.

Très tôt à l'âge de dix-huit ans, je pris la décision de ne pas avoir d'enfant, à cela de multiples raisons: enfance mal vécue, aucun exemple familial et aussi observation précise et critique des couples avec enfants. Malgré mon jeune âge, j'étais absolument sûre que cette décision s'avérerait être la meilleure que je puisse prendre à mon égard... Aussi et je l'appris bien plus tard, mon arrière grand-mère paternelle à laquelle je ressemble tant, mourut en accouchant alors qu'elle était âgée d'une trentaine d'années... Cela se propagea écho dans toutes mes fibres déjà si réticentes à l'idée de maternité. Même mes maris – et ce pluriel est conséquent à cette décision irrévocable en moi – ne surent me convaincre. Mêmes les pesantes pressions familiales et sociales. Je gardais mon cap, inflexible et inexpugnable.

Malgré mon âge je suis encore fécondable, or il me dit que cela le touchait. Je ne voyais pas bien pourquoi. Mais il eut cette phrase simple: "ça peut donner la vie."

Jamais je n'avais pensé en ces termes, aussi étonnant

que cela puisse paraître tant c'est d'une pure simplicité.

Le mot "vie" dans sa bouche prit une connotation profonde pour moi, sans doute de par ce qu'il y mettait et que je pouvais percevoir... Jamais auparavant je n'avais fait le lien entre avoir un enfant et créer la vie aussi impensable que cela puisse sembler. Du moins son art des mots sut me toucher et m'éclairer différemment.

Éclairée différemment je le fus quant à la manière de regarder mon corps et de le vivre. Il a révélé la femme en moi sous un jour différent de par ses remarques d'un élan naturel lorsque nous faisions l'amour (lui aurait dit "baisions" par exemple, terme qui ne sonne plus vulgaire à mes oreilles désormais) et m'a permis de me découvrir en amante, aucun autre ne l'avait jamais ainsi fait, ceci et bien d'autres choses encore... Il sait lesquelles... C'est pourquoi je ne l'oublierai jamais et il avait encore une fois raison: ces trois jours sont "inoubliables".

Intermezzo
Pour un alter ego

"I recall I actually could NOT drag my eyes away from yours, intensely wishing to catch your attention. I can swear I never experienced such an immediate attraction and tension. And no doubt, if you had remained in San Francisco that night, we would have made love. Not only did I never stared at anyone the way I did with you, but it is the first and only circumstance when I KNEW you were expecting me."

"Je me souviens désormais que je ne pouvais PAS quitter tes yeux, voulant intensément capter ton attention. Il m'est donné de jurer que je n'ai jamais vécu de telles attraction et tension émotionnelle immédiates. Et il ne fait aucun doute que si tu étais restée à San Francisco cette nuit-là nous aurions fait l'amour. Non seulement je n'ai jamais fixé le regard de quelqu'un comme je le fis avec toi, mais ce fut la seule et unique circonstance où je SAVAIS que tu m'attendais."

Lorsque je lus cet e-mail je reçus comme une décharge électrique... Ou bien son intelligence avérée et sa perception aiguë de tous mes propos l'ont mené à cette conclusion et je l'ai moi-même aiguillé sur cette piste: en effet j'attends un homme. Hypothèse qui se glisse dans le moule du rationnel et que je pense probable. Ou bien se profile encore la part de mystère... A la relecture de mes derniers e-mails juste avant cette réponse, j'ai désormais la conviction que tant pis pour la part de mystère qui restera alors partie du jeu... Dommage... Mais dans la logique, bien que mon cerveau soit "anti-maths" (terme laid mais évocateur: je suis une littéraire littérale qui aime rêver et pas calculer, et qui a donc du mal à appréhender la logique...). Alors je préfère cependant y croire à cette part de mystère, c'est trop bon...trop beau... Nota bene: ses premiers courriels faisaient aussi déjà état de cette assurance vis à vis de ces inéluctables attirance et appartenance sans que je n'influence quoi que ce soit alors...

D'ailleurs, je reçus ces/ses confidences:

"I know you Liz. It is easy to be attracted by your charm and sex appeal, however discreet it may be, like when we met. But how did you read me? What made you think I was someone to listen and talk to? I would never boast about my love abilities. It does not exist per se, it is a matter of whom you care for. Then you may reveal your intimate self. You inspire me so much that I wish, I know I could please you. Give and share the most intimate and secret jubilation. In this respect indeed, you're right, nature has been extremely generous to me. I long for letting you check, what you've obviously guessed already..."

"Je te connais Liz. Il est facile d'être attiré par ton

charme et ton sex appeal aussi discret soit-il, comme lorsque nous nous rencontrâmes. Mais comment m'as-tu lu? qu'est-ce-qui a bien pu te faire penser que j'étais quelqu'un à écouter et à qui parler? Je ne me serais jamais vanté de mes aptitudes sexuelles. Elles n'existent pas en soi, et sont plutôt dues à celle ou celui pour lesquels elles sont destinées. Alors on peut peut-être révéler son être profond. Tu m'inspires tant que je souhaite, je sais que je pourrais te plaire. Donne-moi et partageons la plus intime et la plus secrète exultation. À cet égard la nature me pourvut généreusement. Je meurs d'impatience que tu puisses t'en rendre compte par toi-même, mais apparemment tu l'as déjà deviné..."

"A stormy, rainy day. The type of weather I like most. "Raindrops keep falling on my head": you remember the song. It's all wet, declining light, wet atmosphere. Landcsape blurred. Concentrated on my thoughts and dreams. The sexiest, the most dramatic visions I ever gave shelter to haunt my inspiration. I don't remind the way I looked at you, I just recall I could not prevent my eyes to focus on yours. Then, it all started, unless it was begun already but we had no conscience of it yet. Beyond ourselves, beyond our will and wish. What do you think?"

"Un jour orageux et pluvieux. Le type de temps que je préfère. "Toute la pluie tombe sur moi": tu te souviens de cette chanson. Tout est mouillé, la lumière décline et l'atmosphère est humide. Le

paysage est flou. Je suis concentré sur mes pensées et mes rêves. Les plus sexy et les plus spectaculaires visions que je n'ai jamais hébergées en moi, hantent mon inspiration. Je ne me souviens pas de la façon dont je t'ai regardée, je me souviens simplement que je ne pouvais pas empêcher mes yeux de fixer les tiens. Puis tout a commencé, à moins que cela n'ait déjà commencé sans que nous en ayons eu conscience alors. Au-delà de nous-mêmes, au-delà de notre volonté et de notre désir. Qu'en penses-tu?"

On m'a décrit avec moult détails cet homme qui est quelque part et qui est m'est destiné ou auquel je suis destinée. Entre autres je sais donc qu'il est sexuellement absolument sur la même longueur d'onde que moi, et bien bâti sur ce plan pour s'exprimer en clichés...

Je l'ai ressenti lorsque je l'ai vu pour la première fois. C'est tout, rien d'autre à dire juste à l'accepter en tant que fait.

Je l'ai effectivement comme "reconnu", inexplicable, juste de l'ordre du ressenti. Qu'il l'évoque lui aussi me perturbe beaucoup... Car cette fois aucun e-mail de ma part au préalable qui l'ait mené sur cette voie.

Aujourd'hui il est loin de moi physiquement et moralement, alors que penser? Amour dilué dans l'océan, évaporé dans l'air bleu ou fondu au soleil? Plus rien de nous...

Il correspond pour beaucoup à celui qu'on m'a décrit et très récemment il vient d'y ajouter une autre correspondance bien que la correspondance entre nous soit tarie: désert de mots, sentiments désertés... Je ne veux pas m'attacher à cet irrationnel. Si destinée il existe entre nous, elle se fera d'elle-même comme il le dit "au-delà de nous-mêmes, de notre volonté et de notre désir", et l'expérience m'a prouvé qu'il avait toujours raison. Je me souviens alors que nous marchions, avoir délicatement ébauché notre futur de façon plutôt négative lui disant que l'on ne se verrait plus jamais, qu'il balaya d'un: "Ne parle pas de ce que tu ne connais pas."

J'attends donc cet homme, mon...homme celui dont on m'a parlé un jour lointain désormais, en le décrivant si précisément sur tous les plans. Je sais déjà tant de choses de lui et je vis dans son sillage depuis si longtemps que j'ai même l'impression de parfaitement bien le connaître.

Je suis parvenue à un tel point de sagesse que je ne suis plus pressée, et que je me laisse flotter sur la rivière. Toute ma vie il a toujours fallu que je démarche (le terme ne me sied guère mais il est approprié) afin de former un couple. Depuis que j'ai quitté mon dernier mari j'ai décidé de ne pas bouger un cil... Celui qui me voudra et qui me plaira n'aura qu'à se manifester et advienne que pourra!

C'est le cas des trois derniers hommes de ma vie, bien que je pense que le tout dernier rencontré il y a deux semaines, ne me plaise. "Rencontre de et du troisième type" pour un troisième homme depuis ma liberté retrouvée...Il m'a approchée de son propre chef alors je lui donne sa chance, s'il ne me plaît pas il le saura vite, je n'ai pas de temps à perdre.

Quant aux deux derniers qui vraisemblablement

ne sont pas mon...homme, je me suis avec eux tricoté des souvenirs pour mes très très vieux jours et ne regrette absolument rien de ces histoires que je retrace. Ces aventures amoureuses toutes deux extrêmement particulières bien que foncièrement différentes mais par certains points liées, je les estime dignes de narration car apparentées au conte enchanté.

Par un concours de circonstances des plus improbables mais qui eut lieu cependant, ces deux derniers hommes de ma vie, bien que rencontrés “sur mes terres” partagent exactement le même espace de vie géographique et professionnel... Même lieu de travail également.

Autre pirouette pied de nez du destin: je suis entrée en contact avec l’un le jour de son anniversaire, tandis que je sortais de la vie de l’autre... le jour de son anniversaire, tous les deux le même mois. Bien d’autres coïncidences encore entre ces deux histoires que je relate dans un autre roman.

Contrairement à ce que l’on pourrait penser, non je ne suis pas une sorte d’illuminée se laissant abuser par une pensée encline à accroire en un certain obscurantisme mystique... Il n’existe pas de personne plus ancrée que moi dans la tangible et basse réalité, tous ceux qui me connaissent très bien peuvent l’affirmer tant ils comptent sur ma perception d’analyse claire et juste pour les aider à mieux comprendre leur vie. Je regarde la vie avec une acuité hors du commun voilà l’explication, aucun de ses détails ne m’échappe. Je ressens les coïncidences comme un clin d’œil qu’il faut lire, voire décrypter. Dans le cas présent et aujourd'hui, le domaine professionnel commun à ces deux hommes est en quelque sorte devenu aussi le mien, alors qu'absolument rien ne le laissait présager. Avertissement en forme de répétition. Peut-être...

Et mon grand amour alors? Je pensais et pense toujours que c'est lui malgré la vie, malgré tout, malgré l'évidence, il m'est difficile voire inconcevable de me départir d'un tel sentiment.

Et il en parle:

"Darling, what's happening between us carries a name. Let's not be afraid by words. Mine and yours are made of the same feeling. I am also worried of our computer misconnections. I did not get your photos: please try again, I'm getting mad!"

"Chérie, ce qui se passe entre nous porte un nom. Ne soyons pas effrayés par les mots. Les miens et les tiens sont faits du même sentiment. Je suis préoccupé par nos pannes d'ordinateurs. Je n'ai pas reçu tes photos: s'il te plaît réessaye de me les envoyer, je deviens fou!"

"Our love story sounds like a fairy tale. No other woman talked to me the way you do, referring so easily to more than intimate datas. It is my honor to realize you dress up just for me, make yourself even more attractive and sexy while you keep me in your thoughts."

"Notre histoire d'amour ressemble à un conte de fées. Aucune autre femme ne m'a parlé ainsi que tu

le fis, abordant des sujets féminins des plus intimes. C'est un honneur pour moi de prendre conscience que tu ne t'es habillée que pour moi, te faisant encore plus sexy et attirante en pensant à moi."

"I keep your image (the last one you sent, my favourite) with me, your loving words too. Maybe I emphasized your style which corresponds with my tastes so narrowly. But we had not met yet when you purchased those stockings, those bras, those stilettos: such is your way, such is mine also.

I wish I could drench my thirst from your moistened burning lips, all of them, and nourish your desire with my most intimate liquor."

"Je garde ton image (la dernière que tu m'as envoyée, ma préférée) avec moi, ainsi que tes mots d'amour. Peut-être est-ce-que je mets en exergue ton style qui correspond si étroitement à mes goûts. Mais nous ne nous étions pas rencontrés alors lorsque tu achetas ces bas, ces soutien-gorges, ces talons aiguilles: tel est ton chemin, tel est le mien aussi.

Je voudrais étancher ma soif à tes lèvres brûlantes et humides, toutes, et nourrir ton désir de ma liqueur la plus intime."

"You inspire me, this is probably the one reason why I want you so much. True, I love using and reading love and lust words with you. I guess you too: one always transfer one's own feeling to the other! Now you impersonate sex for me- "sex" in the

English meaning, far more extensive than in French, you mention me looking at you intensely, let me reply that your reverse looking at me was not less intrusive! I did insist on your intimate self portrait: was not I right, since you eventually wrote down the most delicate and inspiring love rime I could dream of? It's 10 am, I go on working and thinking of gorgeous Liz..."

"Tu m'inspires, c'est probablement la raison pour laquelle je te veux autant. C'est vrai j'aime à échanger et à lire des mots d'amour et de désir avec toi. Je pense que toi aussi: l'un transfère toujours ses sentiments à l'autre! Maintenant tu incarnes le sexe pour moi (le mot sexe en anglais ayant une connotation bien plus étendue qu'en français) tu soulignes que je t'ai regardée intensément, laisse-moi te répondre que ton regard sur moi n'en était pas moins pénétrant! J'ai insisté pour que tu m'envoies la description de ton intimité: n'avais-je pas raison, car en fin de compte tu écrivis un texte d'amour poétique des plus délicats et des plus inspirants dont je n'aurais jamais rêvé. Il est dix heures, je continue mon travail en pensant à la superbe Liz."

Oui, certes mais même si nos goûts correspondent, même si notre histoire d'amour ressemble à un conte de fées, elle s'est abruptement terminée dès mon retour, accompagnée de ma fidèle et pertinente valise, sur mes terres. Brusque retour sur terre des plus terre à terre. Cette souffrance que j'avais anticipée et voulais dominer me frappa en plein cœur, inattendue de force. Un avenir qui jusque là n'était apparu de manière virtuelle, se dessina au réel: il ne sera plus là pour moi, plus d'écrit, plus d'émois, plus d'espoir... Un grand gouffre dont je pris alors conscience avec... souffrance malgré mes résolutions. Alors se tourner vers d'autres pensées:

Je pense tout de même qu'il se fait attendre cet homme de ma vie et sans lui je me sens dépérir à petit feu... Il faut qu'il arrive bientôt, je vis mal sans lui, mais j'en profite pour me peaufiner... rien que pour lui. "Il est en retard, c'est donc qu'il va arriver." me souffle Monsieur Guitry...

Je m'instruis, je voyage, je maîtrise de mieux en mieux plusieurs langues – on ne sait jamais s'il vient de loin – je philosophe et métaphysique afin d'ouvrir mon esprit au maximum, j'écoute, lis, conversationne beaucoup et engrange tout le savoir, tous les savoirs, toutes les compétences et aussi j'apprends l'homme: à le parler, à le comprendre, à l'anticiper, à le combler, curieux langage que je maîtrise bien et de mieux en mieux; après le chinois et le latin, l'homme est relativement simple.

Quant à mon corps et mon allure j'en tire le meilleur parti, mise en valeur des avantages acquis, travail en profondeur sur les plaisirs du masculin: la peau, les yeux, la bouche, les seins, le cul, les mains aux ongles longs, la silhouette, le maquillage, les vêtements et sous-vêtements, les chaussures (escarpins, talons aiguilles, bottes, bottines) la démarche, l'expression du visage, la voix et aussi l'entrain, le dynamisme et l'art de l'amour. Sans compter que naturellement je sais être à l'heure, me plains rarement, ne reproche pas mais discute et je suis pleine de douceur et d'attentions. Et aussi j'aime fort.

En voilà un tableau de presque geisha! Presque car hélas je ne joue d'aucun instrument à ravir. Quant au reste, même vaniteux, tout est vrai, je l'ai écrit et je le réitère: la vérité est clef de voûte de cet ouvrage, c'est une confession qui soulage. Mes défauts je me les garde et parfois je les trouve drôles.

Aussi lorsque je me compare à toutes ces femmes alentour, je me trouve rarissime – terme que je veux neutre, constat sans jugement aucun, ni positif, ni négatif – je m'assume, fais fi de la sécurité matérielle, ne possède que l'argent que je gagne ou ai gagné, rentre seule dans les restaurants ou bars et en ressors seule, conduis des heures durant (j'adore...), travaille avec inspiration la nuit et me moque totalement du jugement d'autrui. J'aime solitude et compagnie. Et j'aime par dessus tout ma liberté et sais alors respecter celle de l'autre. Il n'est pire poison que le piétinement de l'espace de vie de l'autre et le non-respect de son jardin secret.

Alors... Parée et préparée et réparée pour m'emparer de ma destinée.

Je sais que notre entente sera d'ordre intellectuel et sexuel tout en sophistication et en finesse, je sais que le regard nous suffira, je sais que nous sommes identiques et complémentaires, je sais que nous tirerons force et énergie l'un de l'autre, je sais qu'il saura m'apprivoiser et me faire sienne, je sais que même absents nous serons présents l'un à l'autre et que notre passé nous aura forgés debout pour notre avenir.

Pour lui je serai superlative et je saurai le combler et l'aimer.

Pourquoi diantre me l'a-t-il dit? Probablement toujours le même processus ludique préalablement référencé. Ou alors quoi d'autre? Lui seul possède la réponse... Je renonce à aborder quelque hypothèse aiguillée sur la route de la véracité par mon désir profond. Trop éprouvée...

Cependant il écrivit:

"You speak English, I answer in French. Do I deserve the type of love you think of for me? No French, unconsciously. De quelle manière mériterais-je d'être aimé?"

"Tu parles en anglais, je réponds en français. Est-ce-que je mérite le type d'amour auquel tu penses pour moi? Pas en français, inconsciemment... De quelle manière mériterais-je d'être aimé?"

... alors que je lui faisais part du fait que peut-être on n'avait jamais su l'aimer à sa juste valeur... Il compléta par cette tirade inattendue qui me souleva le cœur d'émotion profonde. Jouer de la sorte n'est plus jouer...

"Mais toi, si, je le sais déjà."

Oui je sais pertinemment que je sais l'aimer car cela m'est très naturel, je n'y apporte aucun effort. Cette phrase de lui, la plus simple, la plus courte, pratiquement monosyllabique est gravée dans mon âme et scandée dans mon esprit tant elle me parle...

La réalité abat toujours ses vérités sans aucun état d'âme. Et ne m'empêche pas de penser qu'il joua (film, pièce de théâtre, roman) un rôle. Un rôle n'impliquant aucune conséquence dans la vraie vie, puisque tel un masque du théâtre grec, il se retire pour aller dormir. Pourtant!!! Pourquoi avoir énoncé cette idée que moi je savais l'aimer si cela n'avait pas de sens au futur?

Le rationnel: il avait juste besoin d'évasion, de savoir qu'il plaisait à une femme qu'il jugeait jolie et désirable et de la posséder. Point. "Et si elle s'accroche?": réplique du film "Et Dieu créa la femme." Intelligence oblige, il saurait s'en défaire avec honorabilité et adresse... Ce qu'il fit.

L'irrationnel: ce qui m'a fondamentalement plu en lui: son authenticité, sa simplicité sous-jacente, son naturel et...ses faiblesses. Notre partage, nos partages ont été d'une complicité sans égal, comme si nous nous connaissions depuis bien longtemps. Avec lui j'étais bien et à l'aise et ce, depuis la première seconde où je le rencontrai, je pense qu'il partagea ce sentiment abordant l'intime, les petits détails de la vie comme: les semelles de ses chaussures trop glissantes sous la pluie, les commentaires partagés avec moi après ses entrevues professionnelles, nous discutâmes aussi de la façon dont il s'habillait et des nouveaux vêtements achetés qu'il me montra, de la valeur que pouvait prendre une cravate lorsqu'elle était chargée de souvenirs, il cherchait une nouvelle montre collant nos quatre yeux aux devantures des horlogeries-bijouteries, tout cela avec une très grande confiance à mon égard comme un couple d'amis-amants.

Que prévalait alors: une connivence innée ou une complicité née après quatre mois d'échanges intenses et profonds?

Il m'avoua aussi: "Jamais personne ne s'est occupé de moi comme toi tu le fais." Je l'avais perçu dans un nombre infini de détails. Il m'apparut comme dans une sorte de solitude qui le livrait à lui-même pour à peu près tout ce qui fait le quotidien de la vie.

Je pense par ailleurs qu'un homme de sa condition ayant un rôle à jouer devant public, ce qui requiert une maîtrise de soi de toutes les secondes, a besoin d'un break de temps à autres. A besoin d'être enfin lui-même sans tricher, sans accorder une attention toute particulière à ce qu'il fait ou dit. Je lui ai offert cet interlude. Une image illustre en plein mon assertion: simplement vêtu d'un sous-vêtement blanc, à quatre pattes il poussa hors de la chambre le plateau contenant les reliefs de notre récent dîner. Cette image souvenir encore à ce jour fait naître un tendre sourire en moi Une fois de plus il me toucha, sans doute bien malgré lui...

Un soir, en peignoir assis négligemment sur le fauteuil de cuir qui me faisait face, sa posture me donnant à penser qu'il était parfaitement à l'aise, nanti de son téléphone portable, il appela l'un de ses amis vraisemblablement très proche. La conversation qu'il eut avec lui alors, et de toute évidence qu'il ne souhaitait en rien me cacher, m'interpella. En effet, il évoqua... l'amour et s'enquit du cheminement de ce sentiment dans la vie de son ami: "Et comment vont les amours?" Je reçus comme une grande bouffée de fraîcheur! Ainsi tout au long de la vie, en quelque contexte que ce soit l'amour restait une préoccupation de taille. Mes amants ayant en général vingt ans de moins que lui, n'avaient pas cette spontanéité, cette presque candeur et enthousiasme à ce propos... Il me câlina le cœur. Une fois encore il me rendit consciente d'un état de fait qu'il me plut de découvrir. L'amour est au-delà de tout et impérissable, faisant fi de toutes les contingences.

Puis la conversation se tourna vers "l'objet" de cet amour: "C'est dommage car elle a tout pour elle et j'aurais pensé que cela pouvait marcher, elle est belle et intelligente, élégante et en plus elle est brillante dans son travail etc etc..." Il ne tarissait pas d'éloges. J'aurais aimé qu'il me considérasse de la sorte, mais qu'il l'énonce sans pudeur devant moi, me fit penser qu'il était tout à fait enclin à remarquer tout cela chez une femme.

Je découvris également que nous avions en commun certaines valeurs essentielles de la vie. J'aime être à la fois l'amante, l'amie, l'amoureuse, la confidente, l'égérie, un brin maternelle, soutien et support, dévotion et consécration et j'ai pu ressentir qu'il avait grand besoin de cette femme aux multiples visages avec laquelle il pouvait laisser s'exprimer toutes les facettes de son lui profond. Moi je l'admirais alors cela lui ouvrait les pleins pouvoirs, mais tout ce que je découvris de lui m'enchanta et me rendit amoureuse pleine de tendresse. Je fus très sensible à sa remarque lorsque préparant ma valise pour mon prochain départ, mes vêtements ne côtoyèrent plus les siens dans la penderie, il trouvait son armoire désormais triste et moins jolie ainsi déparée de mes robes sexy et de mes "fanfreluches"... qui tenaient compagnie à ses costumes sur cintres.

Notre rencontre avait un sens... Peut-être dans un seul sens? Le mien à mon sens.

Je veux cependant faire preuve de présomption et me permettre d'effleurer le sien de sens à notre rencontre: peut-être ai-je adouci de rêveries son tourment, et aidé à la diversion de réalités lors d'une tragédie survenue dans sa vie deux mois exactement après notre premier échange d'e-mails.

Quant au mien de sens à notre rencontre: j'ai cru le reconnaître c'est vrai: je l'attendais... Attrait inexplicable au-delà de tout, incontrôlé et surtout incontrôlable.

Ce qui m'attriste c'est que notre perception subtile l'un de l'autre s'est avérée tangible égalant tout ce que nous avions pu imaginer conceptuellement, en toutes extrémités. Mais il le dit lui-même:

"You fit my dreams, and I'm a dreamer. I want you."

"Tu combles mes rêves, et je suis un rêveur. Je te veux."

Or quel est le principe du rêveur?... Juste de rêver... Prouve-moi le contraire my love.

Chapitre prétexte Etude de texte

"My lovable love-loving love, I also went power less in the last 24 hours, hence my non replying to your two last love filled messages. I can hardly breathe, so deadly is the core of those scenes you offer me. Never in my life, in my past, in my readings could I imagine that a woman of your charm and feminity might think and describe so explicit love scenes just for me. Of course, I buy them all, at your pace, at your convenience, I let myself guide by your adorable intuition. Let me ask you one question: did another man inspire you the way I do? Of course, I hope you deny, since I would feel outrageously jealous of whomever else. I told you about my own doubts, you appeased them partly. I am definitely upset by this love celebration you conceive for me, this attention to intimate details, the length of your high heels (12 centimeters is a minimum), that of your stockings: how I crave for your ever so long legs no ordinary nylon can actually fit! Do you realize how sexy are your words and thoughts and attentions? You make me feel even more sensual and charm filled. To be honest, I know I can please, my mind is a strong asset. You see me as your lover, I approve, I swear, I pledge I am. I can't be more yours than I am now. Until we meet again, of course."

"Mon adorable amour amoureuse de l'amour, j'ai eu moi aussi une panne d'électricité hier, c'est pourquoi je n'ai pas pu répondre à tes deux derniers messages pleins d'amour. Je respire difficilement, tellement centré sur ces scènes d'amour que tu m'offres. Jamais dans ma vie, ni dans mon passé, ni dans mes lectures, je n'aurais imaginé qu'une femme de ton charme et de ta féminité puisse décrire et détailler des scènes d'amour juste pour moi. Bien sûr je me les approprie toutes, à ton tempo, à ta convenance, je me laisse guider par ton adorable intuition. Permets-moi une question: est-ce-qu'un autre homme t'a inspirée comme moi je t'inspire? Il est évident que j'attends un déni de ta part sinon je me sentirais outrageusement jaloux de cet autre.

Je t'ai déjà parlé de mes doutes, tu les as partiellement atténués. Je suis vraiment touché par cette fête d'amour que tu conçois pour moi, cette attention portée aux détails les plus intimes, la hauteur de tes talons aiguilles (12 centimètres: un minimum) ainsi que tes bas: combien je me languis de voir tes si longues jambes auxquelles une paire de bas ordinaire ne peut aller! Réalises-tu combien tes mots, tes pensées et tes attentions sont sexy? Grâce à toi je me sens sensuel et plein de charme. Pour être honnête, je sais que je peux plaire, mon cerveau étant un atout majeur. Tu me vois comme un amant,

j'approuve, je jure, je plaide que je le suis. Je ne peux être plus à toi qu'en ce moment, jusqu'à ce que nous nous revoyions, bien sûr."

Cet écrit de sa part m'est particulièrement cher car il résume à lui seul tout ce qui fit notre histoire. J'avoue aussi que j'y ressens une sincérité qui me touche.

Il fait suite à une évocation de la façon dont je me vêtirai pour lui, afin d'être sexy et désirable juste pour lui. J'avais, devant mon miroir, passé toutes ces différentes tenues érotiques dont j'avais fait l'acquisition récente pour lui encore une fois, afin de vérifier si je me plaisais assez, lorsque me vint l'idée de partager ces moments avec lui. Je rêve d'un homme qui sache s'intéresser à tous ces détails qui font le quotidien et les préoccupations d'une femme, qui sache donner son opinion et discuter les points sensibles. Le partage m'est sublimation en toutes occasions.

Innocemment, je voulais vraiment qu'il approuve mes choix et m'aiguille (comme mes talons...) sur ce qu'il aurait aimé ou ce qui n'était pas de très bon goût. Je sais qu'il a un sens aigu de l'esthétisme. J'emploie à dessein le terme innocemment pour répondre à sa question:

"Do you realize how sexy are your words and thoughts and attentions?"

"Réalises-tu combien tes mots, tes pensées et tes attentions sont sexy?"

Très sincèrement la réponse est: non.

Il est normal (encore un terme qui ne me convient pas tant la normalité arbore différentes normes...) d'être séduisante et séductrice pour un homme qui compte. Je suis faite pour...et il n'y a pas de limites... Et aussi lui il compta très fort, et compte toujours...

J'obéissais à cette volonté farouche de lui plaire avec la notion sous-jacente de lui procurer le plus de plaisir possible en lui offrant ce qui me semble important aux yeux d'un homme à savoir: le corps d'une femme paré pour l'amour et exaltant le désir. Et je voulus cela uniquement parce que je pense que c'était ce qu'il attendait de moi et que cela me convenait parfaitement. Voilà donc l'innocence: à mon sens une femme se doit d'être au goût de son partenaire, de l'homme qu'elle privilégie sinon où se situerait la considération spéciale de cet homme par rapport aux autres?

Sans attentions sexy, ce serait comme offrir un cadeau sans qu'il eût été auparavant agrémenté d'un papier-cadeau et d'une faveur (terme des mieux choisis).

Personne d'autre que lui ne m'a vue dans les tenues que j'ai inventées et créées pour lui... Il en est de même pour les mots et les pensées ajustés juste pour lui. A-t-il conscience de cela? Apparemment non puisqu'il énonce le fait qu'il ne pouvait pas imaginer cela et ne l'avait jamais vécu, d'où ma question boomerang: a-t-on jamais su l'aimer à sa juste valeur? Moi je sais le lire et je connais sa valeur conséquemment je sais l'aimer et je sais intrinsèquement qu'il a besoin de moi. Ses écrits le crient.

L'expression "à couper le souffle" me devint limpide lorsqu'il me fut donné de la vivre lors de ma découverte du "Grand Canyon". C'est exactement ce que je ressentis devant tant d'immensité, de liberté et de beauté. Je trouve flatteur l'évocation qu'il en fit me concernant, mais en manque d'amour flagrant et de compliments je pris et je prends tout du vocatif: **"My lovable love-loving love, Mon adorable amour amoureuse de l'amour"** quatre d'un coup, inespéré! au descriptif:

"I can hardly breathe Je peux à peine respirer" il m'offrait là du baume mentholé pour mes plaies qui ne cicatrisent pas. La jalousie encore éraflée:

"I would feel outrageously jealous of whomever else. Je me sentirais outrageusement jaloux de qui que ce soit" et qui n'a pas lieu de l'être, le passé est cendres et même braises, l'âtre ne chauffe plus. Mes hommes m'ont inspiré mon attitude amoureuse, cela je ne le nie ni le renie, mais... il a mis là le doigt sur un point crucial: jamais comme lui...jamais comme avec lui.

Pour relativiser: maturité, manques et extrême et profonde sensibilité ainsi que la particularité de notre relation m'ont menée à ce niveau certes, et ce sont des facteurs d'importance, mais son être unique fut prépondérant. Bien qu'il doute autant de lui... difficile à comprendre pour moi, pour des raisons de survie je ne peux pas douter de moi, cela s'apprend et se maîtrise bien une fois assimilé. L'apparence je la laisse aux "superficiels" et aux "étroits".

La mienne bien qu'enviable est souvent difficile à assumer et ne m'apporte pas que le meilleur... alors "tie break"...

Très heureuse d'avoir su:

"I told you about my own doubts, you appeased them partly. Je t'ai parlé de mes doutes, tu les as partiellement effacés" araser ses doutes en la matière, j'aurais su les effacer totalement. La preuve: **"You make me feel even more sensual and charm filled Avec toi je me sens encore plus sensuel et plein de charme"** juste après seulement quelques semaines de correspondance...

Plaire de par son intellect...

"To be honest, I know I can please, my mind is a strong asset Pour être honnête, je sais que je peux plaire, mon cerveau est un atout majeur" est indéniable mais insuffisant. Je l'écris de manière direct comme un éternuement. Le charme réside ailleurs. Les facultés intellectuelles doublées d'une sensibilité donnent naissance à l'humour, le sens de la dérision et de l'auto-dérision; doublées d'un œil esthète, elles cèdent place à l'agrément et au bon goût; doublées d'imagination elles se fondent dans l'artistique; doublées de sensualité, elles engendrent une vocation érotique sophistiquée; doublées d'expériences choisies et vécues elles mènent à la tolérance et l'altruisme car l'intellect en lui-même peut parfois être ennuyeux et il est minimal de le mettre sur un plan égalitaire avec l'apparence, qui se double de bien peu, afin de séduire. Je pense sincèrement qu'il possède toutes ces "doublures" que je viens d'évoquer qui étoffent le manteau de son moi, le rendant confortable et agréable à porter.

"You see me as your lover, I approve, I swear, I pledge I am. Tu me perçois comme ton amant, j'approuve, je jure, je plaide que je le suis."

Une fois encore je ne lui ai fait part que de ce qu'il attendait de moi et que j'avais envie de lui offrir, il me plaisait, m'attirait depuis la première fois. J'aime mes impulsions et mes premières impressions lorsque je vois un homme pour la première fois, en général je me trompe peu. Je sais ce qui arrivera même si je ne maîtrise rien. J'aurais pu ne jamais le joindre...

"I can't be more yours than I am now. Until we meet again, of course. Je ne peux être plus à toi que je ne le suis maintenant. Jusqu'à notre prochaine rencontre, bien sûr."

À l'époque où il écrivit cet e-mail je voulais le ressentir comme étant "**I can't be more yours Je ne peux être plus tien**" "mien" pronom possessif qui fait écho à l'adjectif du même nom en tête de texte "**My Mon**" et je crois qu'en fait véritablement il était, à ce moment précis, au pic de ce don de lui: cadeau d'amour.

"Toi, je te vis subliminal c'est le premier mot qui me vient, peu t'importent les autres il y a toi; pour moi c'est clair et simple. Je te l'ai dit j'ai beaucoup à offrir, sois sûr que c'est à toi que tout est réservé. Je te le redis encore, je suis très très différente, tu m'apprendras. Si tu le veux bien réponds-moi juste trois mots avant que je ne puisse plus te lire et peut-être m'endormir. Tu me plais et pas seulement pour ton "asset"."

Relisant mon texte j'ai compris quelques temps après ce que j'avais réellement écrit... D'un naturel très altruiste, je fais toujours attention à ne pas trop ennuyer l'autre par mes demandes que j'ai minimisées ici par: "réponds-moi juste trois mots." J'ai pris conscience, bien après donc, de quels étaient ces trois mots...

Du sentiment Chapitre aimant

Ses mots, mes esclaves ont construit deux forteresses: une enceinte de protection et un Taj Mahal bis.

Ses mots, mes pigeons voyageurs se sont métamorphosés en tourterelles symboliques.

Ses mots, coffrets secrets m'ont offert des joyaux pour parer mes instants de solitude, ma nudité de femme.

Ceci pour combler la tendre poétesse qui dort au fond de moi, plus prosaïquement je recevais ses messages avec jubilation et les iris en forme de cœur.

J'eus un serrement de l'âme là-bas près de lui. Chez moi j'avais une énergie débordante, je me jetais sur mon ordinateur à peine franchi le seuil de ma porte. Je respirais à poumons totalement ouverts sans y penser. Le soleil brillait plus fort.

Cette histoire d'amour ne pouvait pas s'épanouir même en lui donnant toute la force d'une subtile volonté, pourtant je veux y croire arrière fond de toile ébauché à l'hôtel.

Mon rire était présent pour des riens, pour des "touts". J'avais l'œil gamin et l'humeur badine. Je regardais la vie avec des pattes d'oie aux yeux...seulement à cause du sourire. Je savais qu'un jour viendrait où je vivrai ce que je vis aujourd'hui: des mots, des images, des moments, des scènes, des atmosphères de rues et d'hôtel sous forme de souvenirs que ma mémoire fidèle s'appliquerait à distiller dans ma tête et dans mon temps. Prise de conscience après l'avion vite chassée: mais non on se reverra... Je pense à lui constamment il est devenu mon compagnon de tête et de vie: tiens cinq minutes pendant lesquelles je n'ai pas pensé à lui... Et tous ces autres qu'est-ce-qu'ils m'énervent voient même pas que l'horizon est bouché... Zut! Je viens de me casser un ongle, il va être trop court pas possible ça! Il ne s'est pas passé une journée depuis mon retour sans que je ne repense à cette aventure sous chacune des formes que j'ai évoquées précédemment. Que les nuits sont belles auprès de lui je me sens vivante et repue mais est-ce-qu'il est toujours là, je ressens qu'il ne l'est pas, qu'il est comme torturé à l'intérieur, je l'appelle juste son prénom pour être sûre, et après je ne sais plus quoi dire (je t'aime s'écrie ma pensée) mais ça coince l'évidence évidente: plus que deux jours et tu vas me manquer et après... après? Je n'ose pas lui en parler car je sais... Oh! ces cheveux quel désespoir, ils sont vraiment secs il va pas aimer c'est sûr, bon alors bains d'huile, coiffeur. Encore une robe, juste une seule après c'est fini, promis. Mais les hommes n'arrêtent pas de me regarder! Normal je me sens belle et désirable on m'influence quelque part. Plus qu'un jour... Profite de chaque seconde ma belle ta glace menthe chocolat ton parfum préféré fond à vue d'œil. Il te recontactera ne t'en fais pas... Cool j'adore quand il me parle, quand on se parle. Après... on pourra plus le faire. Je pars dans quinze jours ça passe moins vite que d'habitude alors voyons ma liste que me manque-t-il?

Les chaussures, ces talons ça prend une place folle! Heureusement j'ai une grande valise... L'avion j'y parle et j'y écris en chinois j'adore! si inattendu... Le taxi j'y parle en espagnol et emprunte le portable du chauffeur, il est adorable de gentillesse, me dit qu'il me trouve jolie, me commente la ville, sa ville dans sa langue j'adore!

Tout est de bon augure, puis sa voix, chaleur au fond de mon cœur j'attendais tant ce moment! Bientôt je serai... dans ses bras, il sera dans mon corps j'adore!

Plus que deux heures regarde-le bien des moments comme ça t'en vivras plus. Aujourd'hui je le rejoins!! Pourvu que je ne rate pas l'avion, bof à cinq du mat il n'y a pas foule sur l'autoroute... Au revoir qu'est-ce-qu'elle fait là la femme de ménage? C'est lui qui lui a ouvert la porte, fermant ainsi la porte à nos aux revoir-adieux. Tu sais bien que c'est mieux ainsi...

Ma dernière vision si touchante de lui: son sexe dépassant de son sous-vêtement, une dernière fois dardé pour moi, sous mes yeux. Et sa remarque: "Tu vois ce que je t'ai dit et écrit est on ne peut plus vrai, tu en as là la preuve tangible, d'ailleurs bander pour toi est endémique...." — Juste une précision, je jouis d'une mémoire exceptionnelle et chacun de ses mots est gravé en moi et tous ses mots sont restitués ici dans cet ouvrage, avec une exactitude de montre suisse. — S'il n'en n'eut pas conscience alors, je veux qu'il sache combien cela me toucha… Dernière complicité des plus émouvantes avec un brin d'adolescence, de fraîcheur juvénile lui étant propre sous l'apparence du sérieux (je suis ainsi moi aussi…). Je le connais par cœur… J'aurais tant aimé lui prodiguer encore ma caresse qui lui plaisait tellement pour un bon souvenir en point final de l'histoire, mais j'avais alors encore un espoir… Je le reverrai bientôt.

J'aurais tant aimé partager ces ultimes instants en tête-à-tête avec lui, en sexe-à-sexe avec lui. Deux regards peuplent mes souvenirs: le sien quelque peu gêné et triste et aussi long comme pour mieux fixer une dernière image; alors… Feuille froissée corbeille à papier mon espoir de le revoir. Et celui de la femme de ménage à laquelle il avait ouvert la porte de "notre" chambre. Jeune, jolie, d'origine étrangère, comme moi. Je pus lire dans son regard à elle son jugement à mon égard: une pincée de mépris avec une once de moralité: "Comment peux-tu faire ça?" M'avait-elle prise pour une call-girl ou quelque chose du genre… Probable. Une fois encore le pétrissage de notre éducation morale m'éclaboussa. Certes j'avais fait l'amour trois jours durant et bien qu'il eusse employé "baiser", je revendique "faire l'amour" expliquant ainsi à cette femme de ménage la dose de sincérité qu'elle avait omise dans son jugement hâtif et tellement stéréotypé.

Des yeux noirs, une bouche cerise, des bas résilles et une mini-jupe ne déterminent pas une femme.

J'aime jouer de cette apparence, impression primitive et combien adjectivée… afin de repérer celui qui prendra la peine de découvrir le pot au rose. Non pas de “x” à “au” et pas de “s” à “rose”, étymologie oblige, il ne s’agit nullement de fleurs dans un vase mais de maquillage… Le rouge à lèvres et le rose aux joues érigeant un pont vers l’acte sexuel, celle qui les porte y serait donc portée… Simplissime…

Pas pour lui, il sut voir mon essence, le rose de mon âme, du moins je le pense…

J’ai parfaitement compris qu’il a voulu vivre notre histoire pour lui, pour son plaisir bien sûr, pour avoir la femme qu’il voulait tant car chèrement conquise (tant de temps à l’écriture consacré), peut-être un peu aussi pour moi, avec toutefois en filigrane le sens que cette histoire ne serait que parenthèse juste pour honorer une correspondance particulière et honorer ma sincérité, un tourbillon dans lequel il se trouva pris, et que de retour tout devait être oublié car il ne peut en être autrement, conjoncture oblige.

Mais fait étrange, la plupart du temps une fois la conquête séduite et possédée, elle tombe dans l’oubli… À ce propos j’aurais aimé y ajouter mon regard de femme très souvent passé outre en de telles situations: l’homme une fois goûté n’a plus le même attrait… Il existe ceux qui impatientent tant la jouissance fut délectable, et ceux qui ne pressent pas…

Tombée dans l’oubli une fois goûtée, je m’y attendais (trois petits jours, trois petits tours). Or la “rupture” eut lieu trois semaines avant la rencontre… Voilà pour le fait étrange. J’entends par rupture la cassure de ce fil d’or nous reliant fortement, fait de connivences de tête et d’actions: e-mails échangés à la même seconde, pensées synchronisées et surtout ce sentiment intime, profond et enthousiaste de la présence de l'autre malgré l'éloignement physique: l'amour quoi, hélas devenu coi. Vraisemblablement il était tiraillé... très tiraillé au point de tout remettre en cause et de ne pas vivre la rencontre... Prise de conscience du rêve devant demeurer à son état initial. Et surtout manipulation fortissime du contre-poids.

Mon hypothèse quant au tarissement soudain de cet amour volubile qui fut abruptement bâillonné: un intérêt trop prononcé pour son ordinateur, compagnon devenu inséparable même lors d'un dîner, un regard enivré de champagne, un rire trop fort, une attitude pas comme d'habitude... Dommage, il y a l'amour et puis il y a la vie, son ennemie. Elle fut vainqueur – pas de féminin à ce mot? Soit, la vie, la vraie, la réelle triompha. La vie, la virtuelle resta alors sans voix. Dommage une seconde fois, car comme à son habitude il a encore raison: moi seule sais l'aimer afin de le rendre heureux et serein.

Heureusement il me reste ces/ses textes magnifiques tout plein de sucre d'amour. Ah bon! Ce n'était pas un rêve alors?

"Tu es merveilleuse. Je pose mes cils sur la pointe de tes seins. Ecris-moi sexe amour."

"Yes, I missed you ever so much, even if you had let me expect one full day of silence. I could not make a choice between your dress codes: to be honest, I positively adore all you think of, would it be in terms of garments, of perfume, of feelings,

of gestures. Everything that incomes from you fulfills a secret desire, and I have known for long that whichever word you whisper to me will sound like a love confession. I am crazy thinking both of your leather made black mini skirt and your spike heeled boots. Not a piece of your wardrobe which does not lead to fainting with passion. Of course I will join you soon, I'll tell you when. Of course I dream of you. Of course I'm actually burning with an exhausting lack of you. I do my best to proceed in my work, but the only sentences I am able to write down are Liz filled, Liz full, Liz, Liz, Liz..."

"Oui, tu m'as tant manqué, même si tu m'avais prévenu de ton silence durant une journée complète. Je n'ai pas pu choisir entre toutes tes tenues vestimentaires: pour être honnête j'adore tout ce à quoi tu as pensé en termes de vêtements, de parfums, de sentiments, de gestes. Tout ce qui vient de toi comble un désir secret, et je sais depuis longtemps quel que soit le mot que tu me murmureras il résonnera de confession d'amour. Je deviens fou en pensant à ta mini-jupe de daim et à tes bottes à talons hauts. Pas une seule pièce de tes vêtements qui ne mène à un évanouissement avec passion. Bien sûr je te rejoindrai bientôt, je te dirai quand. Évidemment je rêve de toi. Bien sûr ton absence pesante me brûle. Je fais de mon mieux pour continuer à travailler, mais les seules phrases que je suis capable d'écrire sont pleines de Liz, Liz entièrement, Liz, Liz..."

"Carried along by the substantial task I assigned to myself. A very mind absorbing activity, implying concentration, silence, time elapsing. Then enters Liz, in my mind, in my heart, in my body. My sex escapes from my control and conscience, grows so big and hard, mad with desire and passion, devastating and aching. I feel I would almost cry. Rescued by literature, and expectation: your next sexy message, our next wild reunion."

"Je poursuis la tâche considérable que je me suis assigné. Une activité très absorbante qui requiert concentration, silence, et temps. Soudain Liz entre dans mon esprit, dans mon cœur, dans mon corps. Mon sexe échappe à mon contrôle et ma conscience, devenant si gros et dur, fou de passion et de désir, dévastateur et douloureux. Je ressens presque une envie de pleurer. Sauvé par la littérature et mes attentes: ton prochain message sexy, notre prochaine folle rencontre."

"Do not change in any respect, please! I love you the way you are, in every aspect. I hold your breasts to my lips, kiss and bite the nipples, cover them with shining fluid, stroke them with the rim of my demanding cock. Your long red painted nailed hand holds it, press if between your breasts, take it to your lips and tongue... I almost faint with delight. Would you?

I kiss your sweet lips, mingle our tongues, one of the most intimate love gestures, don't you think? (With many others I let you describe, unless we share

this delightful task). The best, the sweetest, the hottest for you."

"Ne change en rien s'il te plaît! Je t'aime telle que tu es, à tous égards. Je prends tes seins entre mes lèvres, embrasse et mords les mamelons, les couvre de brillantes sécrétions, et les caresse avec l'extrémité de ma queue exigeante. Tes longs ongles rouges s'en emparent, la glissent entre tes seins, la portent à tes lèvres et à ta langue... Je m'évanouis presque de délectation. Le voudrais-tu?

J'embrasse tes lèvres douces, mêle nos langues, un des gestes les plus intimes de l'amour, tu ne crois pas? (Avec tous les autres gestes que je te laisse décrire, à moins que nous ne partagions cette tâche délicieuse). Tout le meilleur, le plus doux, le plus ardent pour toi."

— T'as pas remarqué?

— Quoi?

— Ils y sont tes trois petits mots... Là... juste après "s'il te plaît!"

Toujours pour toujours

En français, en anglais, il m'écrivit des textes passionnés. J'en suis désormais extrêmement frustrée. Chacun de ses mots furent bus tels source pure lors de soif intense. Je le savais pourtant mais ne voulais croire que la rivière puisse se tarir. Non! Pas lui! Pas comme tous les autres qui disparaissent de ma vie et me livrent aux souvenirs... Les souvenirs, je les considère comme des cimetières de l'âme. J'y dépose des roses qui toujours se fanent.

Je veux vivre pour de vrai! Et avec lui je suis vivante, si vivante... Tous ces échanges uniques et magnifiques comme un mandala, un château de sable ou de cartes... Inimaginable!

Hors ordinateurs interposés, hors virtuel: faire l'amour, se promener, se parler, petit déjeuner déjeuner dîner, rire; même si ce n'est pas au quotidien, même avec des impératifs temporels, comme des règles: une fois par mois... Je prends tout sans avoir à considérer les confusions dictées par le retour dans l'autre vie. Pourquoi ne pas devenir call-girl avec lui? Il m'appellerait juste pour son plaisir impliquant alors le mien, allant jusqu'au bout du rôle je comblerais le moindre de ses désirs et caprices, je prends cela plutôt que le néant vide absolu avec des réminiscences... S'abstraire: vocable précaire. Il ne peut le faire contingences matérielles et résurgences conflictuelles. Mais pourtant:

"Je reçois la force de ta tendresse. Tes photos extrêmes me tentent follement, je suis prêt à les recevoir, à les dévorer, à les adorer. Je t'embrasse - ce n'est pas le mot, étymologiquement -: je bois à ta bouche l'eau de vie."

"Visite à l'ordinateur, découverte de tes photos: autre choc. Ma préférée: la petite où tu portes un voile noir masquant à peine tes dessous également noirs. Quelle beauté! Je respire mal, mon corps se dresse, l'émotion m'étreint. Je ne vois pas assez ton visage, ta bouche, tes yeux. J'ai en tête deux de tes aveux magnifiques, commençant par mon prénom: "Si tu voyais mes seins...", "J'ai envie de toi." You make my days, and I need it. Tu embellis mes jours et j'en ai besoin."

"A wonderful Liz-filled day: reading, starting to write, getting closer and closer to my topic. Stay close, always."

"Une merveilleuse journée remplie de Liz: lecture, début d'écriture, me rapprochant ainsi de plus en plus de mes projets requis. Reste-moi proche, pour toujours."

Je lui en veux d'avoir écrit "Stay close, always" parce que je ne suis pas bien sûre que ce soit une assertion qu'il puisse ou veuille honorer mais elle me tente tant, d'où mon ressentiment à son égard...

Chapitre volupté Tous ses désirs comblés

24ème étage chambre 2412 2ème séjour de trois jours.

Jour premier

Mon programme d'amour n'a été concocté qu'en relisant ses courriels afin d'y déceler la moindre de ses pulsions, la moindre de ses envies, le moindre de ses désirs pour une Femme. Oui F majuscule parce qu'il est une chose dont il ne se doute pas: par un fait curieux de la nature mes hormones femelles ont trois fois la norme, ce qui me rend bien particulière. J'explique parfois l'attirance que je dégage par cet état de fait que certains hommes peuvent percevoir subtilement... Mon ultra-féminité étant presque palpable.

"I sort of feel the incredible softness of your skin. And your secret is burning. Never did I inspire and receive such a poetic and accurate account of someone's intimacy. My feeling is that your pussy is the most accomplished and splendid part of yourself. It is a compendium of Liz's achievements, both utterly natural and untrimmed, as well as sophisticated and so sensual. It provides visual and sexual delight to the fortunate one you agree as your lover, not many indeed compared to the number of applicants. I dare figuring myself as the one to come. The one to whom you will allow and expect he will lift your dress, kiss your skin with passion, stare at your eyes, place his hand on your sacred bush, his lips on your inner lips, his tongue around your erected peak and swallow your spirited liquor. You make someone else of me, Liz. I take you with me deep in my heart and cock. Yours, wholly."

"Je ressens presque l'incroyable douceur de ta peau. Et ton secret est brûlant. Je n'ai jamais inspiré ni reçu une telle narration de l'intimité d'une personne, qui soit autant précise et poétique. Mon sentiment est que ta chatte est la partie la plus accomplie et la plus splendide de toi. C'est un résumé de tous les accomplissements de Liz, à la fois d'un naturel absolu car non discipliné, ainsi que sophistiqué et si sensuel. Il procure un délice visuel et sexuel aux chanceux qui sont tes amants, peu, à l'évidence comparé au nombre de prétendants. J'ose me compter parmi les prochains. Celui que tu autoriseras à soulever ta jupe, embrasser ta peau

avec passion, fixer tes yeux, mettre sa main sur ta toison sacrée, ses lèvres sur tes lèvres intimes, sa langue autour de ton pic dardé et qui avalera ta liqueur chaleureuse. Tu as fait quelqu'un d'autre de moi Liz. Je t'emporte avec moi, profondément dans mon cœur et dans ma queue. À toi, complètement."

" Je te veux en noir, escarpins tout simples à talon de folie, lingerie et mascara noirs, bouche et ongles longs, si longs, écarlates."

Mes ongles sont désormais longs et de rouge vermillon ornés donnant à mes mains une parure sophistiquée, les rendant belles, longues, fines et élégantes.

Rouge et noir sont mes couleurs comme il l'a très justement remarqué. Ma lingerie et mes escarpins tout simples à talons de folie sont assortis à mes yeux, ma bouche et mes ongles écarlates sont assortis à mon sexe en proie au désir-oasis... Ma peau est d'une irrésistible douceur, la soie ne plaide que sisal et s'avoue surpassée... Tant de douches parfumées et de soins attentifs en ne pensant qu'à lui.

Ma toison, comme il se plaît à la nommer est désormais triangle naturel et non discipliné, faite de douces boucles noires libres et mousseuses qui me paraissent excitantes et exacerbe ma féminité déjà tellement criante et extrême. Sophistiqué et sensuel. Pour son plaisir et le respect de ses descriptions, j'ai renoncé aux visites chez l'esthéticienne dont les origines culturelles (et sans doute pour faire prospérer son commerce...) m'ont persuadé de dompter cette frondaison foisonnante de mon être en la taillant comme un petit buisson de jardin à la française... (Ne m'avait-il pas écrit "bush" buisson pour qualifier cet endroit de moi?...)

Je me sens jolie et désirable et le regard des hommes me le confirme. Leur cour est assidue plus que jamais. Mais il a, comme toujours..., raison, bien peu m'ont goûtée, je suis pinailleuse et il me faut beaucoup de critères rassemblés avant de m'allonger près de ou plutôt sous ou sur un corps masculin. Il sait qu'il est le prochain... Hypocrisie drapée de modestie...

Je porte une robe au curieux mélange soie/spandex dans les tons gris clair et noir, robe pourvue en son milieu d'une fermeture éclair bienveillante et pleine d'arrière-pensées. Celui auquel je permis ce qu'il voulait faire ne fut autre que lui. Il soulève ma robe, embrasse avec passion la chair laissée découverte par les bas, me regarde d'une façon appuyée et intruse, place sa main sur l'ombre douce et soyeuse de mon ventre, pose ses lèvres sur l'endroit le plus érogène de mon intimité, enroule sa langue autour de mon clitoris dardé et goûte ma liqueur intime.

Qu'il puisse tirer tant de plaisir de ma féminité ainsi offerte le rendit sans doute autre, tout du moins à mes yeux qui s'émerveillent de plus en plus de lui. Être toujours en lui, emportée et transportée... me comble. Être totalement à lui m'enchante.

"I thought of your breasts. Of your red kissing expert lips. Of your fascinating charcoal made up eye lashes. Above all, of your purple and dark secret. Secrets, should I write, because I dare confess I dream of your buttocks, hardly veiled in a daring black something. You love it as much as I do, don't you, Liz darling? Ton cul est une splendeur, à laquelle je rêve avec convoitise, je l'avoue sans rougir."

"Je pense à tes seins. À tes lèvres rouges si expertes. À ton fascinant mascara couleur charbon. Surtout je pense à ton secret noir et pourpre. Tes secrets devrais-je dire car j'ose confesser je rêve de tes fesses, à peine voilée dans un petit quelque chose d'osé et noir. Tu aimes cela autant que moi, n'est-ce-pas, Liz chérie?"

Mes formes sont dunes sahariennes et mon sexe empire du milieu prêt à tous les assauts, toutes les adorations.

Ma bouche parfaitement ourlée de rouge coquelicot entrouvre des lèvres avides et pulpeuses qui luisent d'envies. Mes cheveux ont élu quelques mèches blond doré perdues dans un blond plus foncé et sont ainsi à nouveau soyeux, encore tout plein de soins vers lui tournés.

Mes cils sont longs et fournis, galbés de mascara noir intense pour amplifier la caresse, mes yeux de khôl arabisés sont d'une langueur sensuelle rare et prononcée. Mes seins et mes fesses sont tentations contours incontournables.

"In my dreams you almost always wear black undies and stockings.

I long for your five-courses feast. I'd like you to concentrate on each of them. Your mascara painted eyes, and what you would do with them. Your red wet glossy mouth, your expert tongue and teeth. Your triumphant boobs, their nipples oversized with lust. Your slim waist, circled with an outrageous garter belt and black lace panty. Your divinely long shaped legs, with their overtensed brown black stockings. Your round, firm, soft ass, just made for my hand and mouth. Your most attractive self, your cream filled love pussy, hardly covered or discovered by your dark string, showing your shining fur and opened purple lips. A full description of each of those love tools, and how you would play with them and me."

"Dans mes rêves tu portes presque toujours des dessous et des bas noirs.

Je suis impatient de ton repas aux cinq mets fastueux. Je voudrais que tu te concentres sur chacun d'entre eux. Tes yeux de mascara peints et ce que ferais avec. Ta bouche rouge et brillante, tes lèvres et tes dents expertes. Tes seins triomphants, leurs pointes élargies par le désir. Ta taille fine ceinturée d'un porte-jarretelles outrageux et tes dessous de dentelle noire. Tes jambes divinement moulées dans des bas brun foncé ultra-tendus. Ton cul à la fois ferme, rond et doux, juste conçu pour mes mains et ma bouche. Ta partie la plus attrayante, ta chatte couverte de crème, à peine recouverte ou découverte

par ton string noir qui montre ta toison brillante et tes lèvres pourpres tout ouvertes. Une totale description de ces jouets d'amour et comment tu pourrais jouer avec et avec moi."

Mes parures d'amour déjà éprouvées sont au comble de ses attentes car j'eus le loisir d'en mesurer l'effet. Mes strings, mes bas et mes escarpins aux talons aiguilles tous de noir parés sont impatients, et ma chemise de tulle noire également qui à la fois enserre et dévoile, se languit de ma peau. Le porte-jarretelles choisi noir mat, rehausse la rondeur de mes fesses, je lui ai joint une photo qu'il a, je pense, appréciée.

"Comme ta bouche est douce! J'en voudrais la photo en gros plan, ainsi que de tes yeux, de tes mains, de tes seins (100 à présent...), de tes chevilles, de ta toison, de ta fente..."

"Because your love making is pure art, I'm sure, and we'd make photos of it, so as to get even more crazy for one another. I realized I had never used my imagination, fantasy, day dreams to such an extent."

"Parce que ta façon de faire l'amour est art pur, j'en suis sûr, nous en ferons des photos lorsque nous deviendrons encore plus fous l'un de l'autre. J'ai pris conscience que je n'étais jamais allé aussi loin quant à mon imagination, mes fantasmes et mes rêves éveillés."

Alors qu'il m'avait laissée seule quelques instants afin que je me pare et me prépare pour lui, je mis au point ma première mise en scène.

De la porte d'entrée jusqu'au lit je dispersais sur le sol mes bottes de daim noir, mon blouson gris et mon écharpe bleue, ma mini-jupe elle aussi en daim noir, mon pull de cachemire au décolleté en V, mes gants et... mon appareil photos...

Il fit de superbes photos de ma bouche rouge et luisante à souhaits, lèvres entr'ouvertes caressées de ma langue, baisers de souffle, doigts ongles longs et rouges sensuels et inquisiteurs; il était mon directeur artistique et me regardait duplicata. Œil lubrique et photographique...

Il me demanda alors de prendre son sexe dans ma bouche et de le regarder au même moment car c'était une photo de ce regard-là, à la fois mutin et coquin, dont il voulait l'empreinte. Puis son sperme enorgueillissant mes lèvres fut aussi éternisé par le déclic de l'appareil.

Mes mains sur mes seins posées furent les suivants clichés, il voulut mes pointes érigées et dardées, entre mes doigts excitées. Je caressais mes seins juste pour lui, afin qu'il ait un spectacle troublant... Mes mains se faisant plumes caressantes, et mes pointes érectiles comme jamais, juste pour lui.

Qu'il veuille saisir aussi la finesse et la délicatesse – cette description n'est pas de mon fait mais de celui d'un photographe professionnel dont je ne fais que reprendre les mots – de mes chevilles m'interpella.

En effet un photographe parisien de renom m'avait demandé la faveur d'une telle photo alors que j'avais une vingtaine d'années, il m'avait fait part du fait de la beauté et de la sensualité de mes chevilles, je me souviens même des chaussures que je portais à l'époque: des escarpins bleu marine à hauts talons fins avec une bride au-dessus de la cheville, et de mon geste: mon pied ayant été arqué afin de ramasser quelque chose tombé au sol. Il prit quelques clichés que je ne vis jamais.

Que lui si artiste, si sensible, pense de même ne n'étonna finalement guère. Il voulut mes escarpins aux talons vertigineux, il voulut juste mes chevilles dans l'écran, puis mes jambes entières gainées dans de sublimes bas noirs d'une finesse inégalée.

Arrivé aux hauts de mes cuisses, il me regarda intensément et me demanda de lentement baisser mon string afin qu'il puisse entrevoir, puis voir ma toison. Je fis exactement ainsi qu'il le demanda, glissant mes longs doigts entre ma peau et l'étoffe afin de dévoiler le contraste blanc noir de ma peau et de mon triangle. Le petit bruit familier désormais de l'appareil-photos eut lieu, puis... le silence...

Soudain il embrassa ma bouche très voluptueusement en gardant les yeux ouverts afin de voir les miens se fermer, me susurra à l'oreille les mots crus promis par tant d'e-mails qui me demandaient une chose... que je n'avais jamais faite.

"Combien j'attends cet autre geste sacré, tes longs ongles caressant et entrouvrant pour moi, mon regard, ma bouche, mon gland, les portes intimes de ta volupté. Tes gestes de plaisir sont d'une artiste,

eux aussi, raffinés, intenses, élégants dirais-je, et par-dessus tout immensément excitants."

Pour lui une fois encore je le fis:

Je réajustais mon string, ouvrais mes jambes le plus possible faisant crisser le drap avec mes talons aiguilles puis tandis qu'avec ma main gauche j'écartais le tout petit bout de tissu qui couvrait à peine ma fente selon ses mots, j'offrais aux deux regards, le sien et celui de la mécanique, mon index et mon majeur aux ongles si longs et écarlates de chaque côté de mon sexe en écartant l'entrée au grain de beauté gardée. Caresse qui offre, faiblesse qui s'offre. Il ne prit pas de photos tout de suite cette fois-là trop excité sans doute par ce que cette vision déclenchait en lui... De fait, il approcha sa langue et en caressa mon clit (toujours ses propres mots) tandis que ses doigts s'enfonçaient dans ma chatte brûlante. Je fondais de plaisir et je sentis une rivière couler dans mon intimité, je compris alors quel était son but: une photo des plus réalistes quant à l'excitation de mon sexe. Sa couleur s'en trouvait modifiée passant au rouge écarlate, sa grosseur était aussi perceptible, quant à la crème de ma chatte toujours ses mots, elle drapait avec douceur tout mon sexe qu'il trouvait beau m'avait-il dit.

C'est seulement alors qu'il déclencha l'appareil. Bien plus de clichés cette fois et puis... D'autres clichés et d'autres envies...

"My vision just at this moment: your long nailed painted fingers pulling aside your drenched string,

gently stroking your burning pussy."

"Ma vision de l'instant: tes doigts aux longs ongles peints écartant ton string trempé et caressant délicatement ta chatte brûlante."

Le petit bout de tissu noir qui peine à couvrir la partie la plus secrète de moi, est détrempé de mon eau d'amour. J'en saisis le morceau le plus fin et l'écarte afin de me révéler à ses yeux aphrodisiaques... Puis je me mets à caresser mon sexe, mon "pussy" pour son plaisir d'abord, puis le mien. Mes doigts vont et viennent excitant les chairs déjà très émoustillées par ses baisers et son regard qui m'électrise. Je me glisse en moi, à la fois ressentis de pénis et de vagin et lèche mes doigts en le fixant au plus profond du jade de son iris (une de ses demandes par téléphone, une nuit de grande excitation). C'est alors qu'il choisit d' immortaliser l'onde de mes orgasmes-spasmes dans la boîte dérobeuse d'images à l'œil fidèle de réalité... Puis...

"Yes, darlingest, please kiss me like no one ever did. I can feel your tongue snaking into my mouth, making me pantless with desire. I love your wonderful tits, so round and soft, so temptating, so heavy in your mind blowing lingerie. Yes Liz, I want to talk to you crudely, but only if you come when you read me, only if you reply in the same way, only if you fall in love with me and my cock, just like I fell in love with your lips, your lashes, your nipples, your clit."

"Oui, chérie, s'il te plaît embrasse-moi comme

personne jamais ne le fit.

Je peux ressentir ta langue s'insinuer dans ma bouche me laissant pantelant de désir. J'aime tes seins merveilleux, si ronds et si doux, si tentants, si lourds dans ta lingerie légère.

Oui Liz, je veux te parler crûment, mais seulement si tu jouis lorsque tu me lis, seulement si tu me réponds de la même manière, seulement si tu tombes amoureuse de moi et de ma queue, tout comme je suis amoureux de tes lèvres, de tes cils, de tes seins, de ton clitoris."

Nous nous embrassâmes inégalé. Fusion de bouches, échange intime et intimiste, acte sexuel avéré nous laissant ivres de plaisir et de désir. Il libéra mes seins du tulle noir, qui lui rendirent grâce de cette liberté retrouvée en lui offrant la dureté de leurs mamelons parfaitement dessinés pour l'avidité de ses lèvres plaisir fou. J'adorais sentir la pression de sa bouche et la morsure fugace de ses dents.

Mon désir devint intolérable et se manifesta par des brûlures intenses diffuses sur ma peau et mon âme. Ses mots piquants inédits n'y furent point innocents...

Mes cils se firent caresses sublimées aux points hyper-sensibles de son anatomie.

Il me posséda littéralement, prenant tout de moi et venant jouir en moi. Oui j'étais amoureuse sidérée de lui, de sa queue. Je pus ressentir son sperme heurter le plus profond de moi me proférant un plaisir sans nom. Nous étions avides l'un de l'autre et ce contact de nos peaux nous chavira à un point extrême, il me dit alors: "Jouis mon amour!" avec une intensité dans la voix, amoureux emphase théâtrale de mes lèvres, de mes cils, de mes seins, de mon clit... "Ça m'est venu comme ça." fut son commentaire esbroufe lorsque je pointais ses mots forts. Puis il ajouta: "Tu me plais, tu sais." En amoureuse experte certainement. Et pour le reste my love?

"A love scene, magnificent and painful because of the absence. When we meet next, you open your door smiling. We have awaited this moment for so long. The air is filled with your perfumes. At first, you suggest a show. You would rub your lips with this cherry lipstick of yours, and make up your eyes with the dark mascara, looking both at your mirror and at me by reflection. You would take my hand in your long nailed and red lacquered hand, open your drawers and let me make a choice. I will pick up a pair of black stockings and belt, you will roll them along your sculpted legs and fix them tight, so tight to the garter. Still plunging into my eyes. Then your fingers will unveil your pussy, hardly conceiled by a silk and lace undie. A black and white marvel you will slightly open. Then you'll stand, letting me hear the sensual sound of your ever so high heels on the floor. I will smile at you."

"Une scène d'amour, magnifique mais à la fois douloureuse à cause de l'absence. Lorsque nous nous rencontrerons la prochaine fois, tu ouvriras ta porte en me souriant. Nous attendions ce moment depuis si longtemps. L'air est empreint de tes parfums. Au

début tu suggères une mise en scène. Tu appliqueras ton rouge à lèvres cerise en faisant glisser tes lèvres l'une sur l'autre, tu maquilleras tes yeux avec ton mascara noir, te regardant et me regardant en même temps par reflet dans le miroir. Tu prendras ma main dans la tienne aux ongles longs et laqués de rouge, tu ouvriras tes tiroirs et me laisseras choisir. J'élirai une paire de bas noirs ainsi qu'un porte-jarretelles, tu les enfileras sur tes jambes sculpturales et les attacheras haut, très tendus sur le porte-jarretelles. Tu ne cesseras de fixer mes yeux. Puis tes doigts dévoileront ta chatte, à peine couverte d'un sous-vêtement soie et dentelle. Une merveille noire et blanche que tu ouvriras légèrement. Puis tu te mettras debout, me laissant entendre sur le sol le son si sensuel de tes talons aiguilles si hauts. Je te sourirai."

"You make up your beautiful visage (better than "face") just for me. Watching both the mirror and me in reflection. Painting your lips red, brushing your eye lashes black. Your long red lacquered nails open a drawer: which stilettos will you pick up for me? The highest heeled black ones. You slide them on, walk a few steps: a sort of a show, letting me savour their sweet sound of the floor. Your impeccable hands slightly lift your dress, letting me see the light lace and silk undie that hardly conceals your intimacy. Your dark bush, shining. Our mouths in one another's, our love liquids melting and mingling, our tongues mixing in the most passionate kiss we ever dreamed of. My hands groping at your bra, revealing your gorgeous and hardened tits, my lips kissing, licking, biting them. So much desire it feels like a dealdly pain (just like now while I'm writing to you). Then we become wild, rushing to each other's sex. I engulf the burning mount, delighting myself with your taste and fragrance, with your rushing pleasure down my throat. You capture my oversized cock, stroking the sensitive spots, sucking as much of it as you can, our private parts glow with lust and coming. What were experiencing, we've never gone through so far. I wish you proceed, letting me know about your feelings. I have to pause for a while, my body is so aching, especially my prick devastatingly aimed at you Liz."

"Tu maquilles ton joli visage (mieux que "face") juste pour moi. Regardant le miroir et moi par reflet.

Tu peins tes lèvres de rouge, tu brosses tes cils avec le mascara noir. Tes longs ongles rouges ouvrent un tiroir: quelles chaussures à talons aiguilles vas-tu choisir pour moi? Les noires aux talons les plus hauts. Tu les enfiles, fais quelques pas: une sorte de show, me laissant savourer le son sur le sol. Tes mains impeccables soulèvent légèrement ta robe, me laissant entrevoir la culotte de soie et de dentelle qui couvre à peine ton intimité. Ta toison noire est brillante. Nos bouches l'une dans l'autre, nos liquides d'amour fondus et mêlés, nos langues entremêlées dans un baiser passionné dont nous avons toujours rêvé. Mes mains détachant ton soutien-gorge, révélant tes seins magnifiques aux pointes durcies, mes lèvres les baisant, les léchant, les mordant. Tant de désir que cela en devient douloureux (tout

comme maintenant alors que je t'écris). Puis nous devenons fous, nous jetant sur le sexe de l'autre. J'engloutis ton mont brûlant, goûtant avec délice tes parfums et goûts, ton plaisir dégoulinant dans ma gorge. Tu t'empares de mon sexe démesuré, en caresses les points sensibles, le suçant le plus possible, nos parties intimes luisent de désir et de jouissance. Nous n'avons jamais vécu ce que nous venons de vivre. Je souhaite que nous continuions de la sorte et que tu me fasses part de tes sentiments. Je dois m'arrêter là, mon corps est si douloureux, plus spécifiquement ma queue incomparablement dressée vers toi Liz."

Après lui avoir ouvert la porte, je l'accueille de mon plus beau sourire lui indiquant ainsi ma joie de le voir après avoir tant attendu cette rencontre.

L'air est très légèrement empreint de mon parfum, je le sais sensible aux effluves trop capiteux, je me maquille pour lui, devant lui. D'abord mon rouge à lèvres Numéro 18 d'Yves Saint-Laurent "Rouge Volupté" que j'applique sur mes lèvres avec sensualité, je glisse mes lèvres l'une sur l'autre, geste des plus féminins s'il en est et je le regarde par reflet dans le miroir de la salle de bains où je l'ai convié à me suivre. Peut-être est-il parfois agréable aux hommes d'assister à tous ces gestes intimes réservés au féminin...

Le mascara lèche mes cils y déposant une couche bienvenue donnant caractère et profondeur aux yeux ainsi parés.

Il dépose sur le comptoir de marbre grège des bas

noirs et un porte-jarretelles assorti que je passe devant lui, mes gestes se faisant fluides et sophistiqués. Les bas sont tirés à l'extrême juste comme il l'aime, l'extension exprimant une possible rupture, un dévoilement inattendu.

J'enfile une magnifique paire d'escarpins aux talons incroyables et aux semelles assorties à mon rouge à lèvres… Il m'avait fait part du fait que rien ne serait trop haut perché et de fait, ces talons sont gratte-ciel new-yorkais. Son sourire m'informe de son appréciation.

Je fais quelques pas qui résonnent sur le sol de marbre de la salle de bains pour son plus grand plaisir. L'ouïe est me semble-t-il un sens un peu en retrait en comparaison de tous les autres exacerbés pour et par l'amour. Sa sensibilité toute masculine au bruit de mes talons heurtant le sol m'intrigue et m'excite, je n'y avais jamais songé auparavant. Mes talons Tour Eiffel suggèrent à mes hanches de se mouvoir avec une sensualité torride, mon dos se cambrant félinement. Les talons vertigineux sont un miracle d'érotisme…

Puis je soulève avec des gestes lents et gracieux ma robe afin de lui offrir le spectacle de la soie dentelle couvrant à peine mon triangle noir chatoyant.

Il m'embrasse alors vertige fou. Je ne ressens que douceur: de sa langue, de tout ce qu'il veut me faire ressentir par cet acte fusionnel qui mêle nos fluides, nos essences et qui se diffuse dans mon cœur et irradie d'une onde à la fois brûlante et caressante le creux de mon ventre.

"I wrote to you the hottest lovingest ravagingest letter I ever thought of, so daring I was not certain not to shock you. Wrong feeling, nothing regarding passion could hurt you, is it not? I described the perceived splendor and proudness of your tits, I could but just imagine under your garment when we met, but which you offered me on the first picture you sent me. I said I would love them by gestures, licking and biting the erected fleshy nipples, gently and hardly covering them with shining fluid, making you come and screen when I'd rub my too big burning glans upon them. I described my almost fainting with joy when you confessed you had fallen in love with me and my cock, sucking it with so much expertise and intuition it looked like an artistic creation."

"Je t'ai écrit la plus ardente, la plus ravageuse lettre d'amour à laquelle je n'aurais jamais pensé, en n'étant pas certain de ne pas te choquer. Fausse route, rien qui soit lié à la passion ne peut te choquer, n'est-ce-pas? J'y décrivais la splendeur et la fierté avérées de tes seins, je pouvais seulement les imaginer sous tes vêtements lorsque nous nous rencontrâmes, mais tu me les offris avec la première photo que tu m'envoyas. J'y disais que je pouvais les aimer en les caressant, en les léchant et en en mordant la chair érigée des mamelons, doucement, les recouvrant à peine de sécrétions fluides et brillantes, te faisant jouir et crier lorsque j'y frotterai mon gland brûlant. J'y décrivais ma joie jusqu'à presque en perdre connaissance lorsque tu me confessais que tu étais

amoureuse de moi et de ma queue, en la suçant tellement et avec tant d'expertise et d'intuition qu'elle ressembla à une œuvre d'art."

"Je veux que tes lèvres si expertes s'ouvrent sur mon gland, que ta langue caresse la partie la plus sensible de ma queue, que tes mains la branlent avec amour et, que tes longs ongles laqués en parcourent la longueur et la tension. Quand le foutre jaillira, tu en boiras avec gourmandise les premières gorgées, les suivantes inonderont ton visage, ton ventre, tes seins. Approuves-tu ce merveilleux programme d'amour (parmi tant d'autres à décrire et à vivre)?"

Le sexe de l'autre devient gourmandise. Artistique création. J'aime tant sucer ce qui me procure un plaisir démonstratif. La finesse de la peau de son gland est appréciée de ma langue qui s'immisce en toutes ces parties offertes à mes sens. Ma bouche glisse encore et toujours le long de son sexe et je ferme les yeux afin de ressentir avec plénitude sa virilité. J'aime lui offrir le dur contact de mes dents par bribes et effleurements. Mes mains s'approprient les lieux où brûle sa semence, curieuses de sensations, sensibles à la douceur et la chaleur. Je veux pour lui le plaisir intolérable. Et bloque sa jouissance afin qu'il la réserve à mes entrées intimes satinées de mon jus flot incessant.

"On ne peut pas aller plus loin." furent les mots qui ponctuèrent sa jouissance. Jouissance qui engendra la mienne enserrant sa queue de mes multiples orgasmes. La chambre s'ébroua de silences émus.

"You are the most expert love girl I ever met. I will kiss and lick and bite your clit, your tits like no one before, then full up your pussy and your throat like no other cock before. You will sit on my mouth, on my cock, you will drench them with your mouth and pussy fluids. You will suck as much as you may engulf of my dick, making me feel the length and hardness of your nails on those sensitive spots you know. You will scream with joy when my come jerks into your womb, your throat, covering your breasts and your graceful face. I keep it all just for you, I trust you'll love it."

"Tu es la fille la plus experte en amour que je n'ai jamais rencontrée. Je baiserai et lècherai et mordrai ton clitoris, tes seins comme personne ne l'a jamais fait, puis j'emplirai ta chatte et ta gorge avec ma queue comme aucune autre queue ne le fit. Tu t'assiéras sur ma bouche, sur ma queue, tu les inonderas avec tes fluides venant de ta bouche et de ta chatte. Tu suceras ma queue autant que tu le pourras en l'engouffrant, me faisant ressentir la longueur et la dureté de tes ongles sur mes points sensibles que tu connais. Tu crieras ta jouissance lorsque mon sperme jaillira dans ton ventre, ta gorge, recouvrant tes seins et ton gracieux visage. Je le garde entièrement juste pour toi, je sais que tu l'aimeras."

Il tire lentement sur la fermeture éclair de ma robe dévoilant peu à peu mes seins maintenus dans une dentelle de soie noire. Il leur accorde des baisers tendres et mouillés qui donnent naissance à mes soupirs approbateurs, j'aurais aimé qu'encore une fois il s'y arrête plus longuement, mais déjà une pression précise ordonne à mon sexe de s'écarteler sur sa bouche aux lèvres goulues et humides. Je peux ainsi jouir du spectacle qu'il m'offre et des actes qu'il me prodigue. Sa caresse est intense et profonde, mon ressenti nouveau de puissance. Je me mets à attendre chacun de ses petits coups de langue entrant à chaque fois plus profondément en moi m'octroyant un plaisir tout en ondes diffusé. J'adore me sentir ainsi complètement ouverte offerte à ses yeux excitation suprême. Sa langue s'égare dans tous mes replis secrets... mourir de plaisir... Les yeux fermés je ressens alors sa queue en moi, démesurée de désir qui, ainsi qu'il le précisa m'emplit totalement. Ma bouche laisse échapper un râle sensuel tandis que sa liqueur s'épand dans mon ventre puis sur mes seins et mon visage.

Il avait encore une fois raison j'aimais tout.

"While I was not sleeping, nightmarish night, I thought of this very moment when you make love, the ultimate kiss that makes your lover come, just like a specific musical gesture that would bring ultimate pleasure. And I figured – wonder why – you are the keenest expert of this "blue note". My balls are so much filled with sperm that I almost came. I did not, I spare it for you only, you make it spring, it's yours all."

"Puisque je ne dors pas, nuit cauchemardesque, je pense à ce moment précis lorsque tu fais l'amour, à ce dernier baiser qui fait jouir ton amant, tout

juste comme un tempo musical qui mène au plaisir suprême. J'ai pensé – on se demande pourquoi – que tu es la plus grande experte de cette "note bleue".

Mes bourses sont tellement emplies de sperme que j'en ai presque joui. Cela n'est pas arrivé. Je garde mon sperme pour toi seulement, tu le feras jaillir, il est à toi, totalement."

"My blue note is to be shared: it means the moment when the ultimate move of yours (your tongue, your nails, your nipples, your sex makes me come). At the very same moment, I offer you the red urge: when your most intimate flesh turns purple with pleasure, having been liked, kissed and fucked by my lips and my cock."

"Ma note bleue doit être partagée: elle représente le moment où ta dernière action avec ta langue, tes ongles, tes pointes de seins, ton sexe me fait jouir. Au même moment je t'offre la jouissance rouge sublime lorsque la plus intime de tes chairs vire au pourpre avec plaisir, ayant été léchée, embrassée et baisée par mes lèvres et ma queue."

"La note bleue": petits mots complicité de couple qui n'appartiennent qu'aux deux amants, exclusif marque-page de l'exclusivité. Nous en avions plusieurs ainsi, créés par nous et pour nous seuls. Création unique et dissolue dans le temps. L'écrit est heureusement la forme qui en garantit le souvenir.

Partage de notre désir, partage de notre envie de l'un de l'autre pulsion insoumise. Mon sexe, gourmand de lui dilaté de chaleur vive, engloutit le sien et plus rien d'autre n'exista... La note bleue fut prodiguée par le mouvement tangage et symbiose de nos corps l'un dans l'autre, mes hanches imprimant et cadençant une danse addictive et délicieuse: accord majeur parfait. J'accueillis en moi sa jouissance qui caressa mes chairs intimes délice sans adjectif et il accueillit et découvrit mes orgasmes enserrant son sexe de pressions rythmées. À quelques secondes près jouissance symbiose tant idéalisée et pour nous réalisée. En eut-il conscience? Demeure encore en moi son cri indompté qui l'accompagna...

Sa langue sur ma plus intime chair tsunami de plaisir. Sa queue s'attardant et glissant sur ma fente pâmoison électrique. Ma couleur pourpre comme un crépuscule évanescent. Encore s'il te plaît mon amour car ce n'est que dans tes bras que je vibre en résonance avec être moi, être toi, être nous et que tout n'importe plus. Atteinte du nirvâna.

"You never wrote any of those last two letters to whomever, did you? I will answer accurately, regarding whereabouts, wardrobe, gestures etc. At this very moment, I have one special vision: your erected nipples shining with my bites and kisses jutting out of your black lace bra. I rub them gently with my cock, and you scream with pleasure as you come. And hundreds of other all-exciting love scenes..."

"Tu n'as jamais écrit de lettres de la teneur des deux dernières que tu m'as envoyées à qui que ce soit

n'est-ce-pas? J'y répondrai longuement en évoquant la tenue vestimentaire, les gestes etc. À cet instant-même, j'ai une vision bien particulière: tes pointes de seins dardées brillantes de mes morsures et baisers qui s'échappent de ton soutien-gorge de dentelle noire. Je les caresse délicatement de ma queue et tu cries avec plaisir ta jouissance. Et des centaines d'autres scènes d'amour tout aussi excitantes..."

La nuit pare la chambre d'ombres et de lumières doucereuses et apaisantes, je l'attends... Mes yeux s'égarent sur le faux Braque. Il me manque, mon corps alangui se languit de sa voix, de ses mains, de ses yeux, de ses baisers mon rouge luit sur mes lèvres et s'impatiente.

Mes cils s'inclinent, enclins à lui proférer le contact secret. Je le veux là. La porte s'ouvre...

Mes seins s'exhibent hors de la dentelle noire rebrodée de velours et la fraîcheur humide venue de sa bouche tant attendue recouvre mes pointes déclinaison de joie. Il en fait éclore de mes pointes dressées, deux boutons de rose tout juste naissants qui s'épanouissent de plaisir incisif. Lèche encore et encore mes mamelons ocrés, mords-les et suce-les jusqu'à ce que tu m'en fasses gémir.

Sa queue danse alors un va et vient entre mes seins: scène que j'adore regarder. J'admire la grosseur de son gland qui se frotte sur ma peau. J'aime le regarder et le sentir haleter de désir et de plaisir. J'aime tant son sexe. Va-t-il jouir là sur ma poitrine, sur mon visage et dans ma bouche? J'ai envie de tout à la fois. J'aime tant faire l'amour avec lui. Je suis volcan et la lave de ma jouissance coule entre ses lèvres, seul lui sait me faire jouir ainsi.

Des centaines de scènes d'amour, notre similitude sexe et amour peuvent en faire naître autant que nous le souhaitons. Et toutes seront plus qu'excitantes en proie à un érotisme de haute volée que tous deux nous savons pratiquer. Apprends-moi my love. Deux sens à cette phrase...

Jour Deuxième Scherzo

J'appris par cœur toutes ces scènes d'amour qu'il évoquait si intensément, voulant rendre son écrit réalité.

Ce deuxième jour, attendant son retour je me parais pour lui avec le plus grand soin. Je pris un long bain harmonique de sens à la lueur d'une bougie, bercée par les senteurs d'orange verte d'Hermès et avec pour spectacle une grandiloquente orchidée blanche qui m'offrait sa beauté en exemple.

Je me relaxais, me détendais, me sentais extrêmement bien oubliant contraintes et médiocre de la réalité.

Un seul fait sur lequel se focaliser: être objet de désir le plus délicieux qui soit. Agréable plaisir de la soumission qui gomme la charge, la prise en charge et rend le fil de la vie si simple, comme se glisser dans l'eau d'un bain, se glisser dans la peau d'un mannequin.

Je repensais au film "L'amant" de Marguerite Duras dans lequel l'héroïne énonce qu'elle attendait de lui qu'il la prenne comme les autres femmes, les prostituées qui comblaient ses fantasmes et désirs. Comme pour tout dans la vie la compréhension et l'appréhension du concept passe par le vécu, l'empirique; je compris alors les mots de cette amoureuse car l'amour engendre parfois le paradoxe.

Je pensais aussi à son sexe en moi et pour faire grand siècle, je me pâmais littéralement...

Je savais désormais ce qu'il aimait, le parfum en touches minimales et discrètes, très discrètes en effluves dissolus voire presque imperceptibles.

Le corps voilé à demi vêtu pour feuilleter, et titiller l'iris.

Tension outrée pour mes bas couleur fumée.

Talons vertigineux attendant leur entrée en scène.

Porte-jarretelles sublimant l'arrondi.

String, noir pour se fondre et se confondre, couvrir à peine et découvrir.

Peignoir de soie rouge et pointes de seins véhémentes perçant la dentelle.

Cheveux dentelles sur l'oreiller immaculé et doux sommeil envahissant. Bien, si magnifiquement bien... offerte sur le grand lit blanc.

"Je te baise."

"Ton cul est une splendeur, à laquelle je rêve avec convoitise, je l'avoue sans rougir. Je respecte tes inclinations, sans prétendre ne pas m'émerveiller d'une aussi exquise tentation. Tu es belle, belle, désirable, faite à la perfection. Ce sont là des faits dont tu es consciente. Le désarroi matériel où

je suis libère ma parole en français. Je bois à tes seins gonflés comme à des grappes de volupté, je m'enchante de l'extrême tension de tes bas et de tes jarretelles sur tes jambes parfaites, je me gorge de la liqueur intense que ton intimité distille en ma bouche insatiable. Je m'enivre de tes parfums, de tes alcools, du grain de ta peau, de ta lingerie inondée de plaisir. Je te veux en noir, escarpins tout simples à talon de folie, lingerie et mascara noirs, bouche et ongles longs, si longs, écarlates. Donner désir et jouissance à une femme de ta qualité constitue mon apanage."

"Je suis certain que tu sens combien mon sexe te parle, que tu en devines le volume et la tension, que tu saurais comme nulle autre démontrer ta maîtrise de l'art d'amour."

Je ne ressentis pas la caresse tout de suite, bercée de rêves tendres, l'éveil ne me tentait pas. Très profondément endormie, ses caresses se fondaient dans mes songes érotiques. De ses longs doigts il écarta chacun de mes orifices y glissant dans cet ordre son regard, ses doigts, sa langue, son sexe. J'en éprouvais un plaisir alangui et flou. Je ne repris totalement conscience lorsque je l'entendis jouir, son sexe ayant élu la place qu'il convoitait tant. Il avait la permission de récidiver en toute conscience et bonne conscience. Et il ne s'en priva pas...

Nous nous assoupîmes quelque heures et sa queue reprit plénitude entre mes seins, où s'étoila sa liqueur suprême après que j'en eus goûté les premières gorgées. Oui, baise-moi encore et encore, écarte toutes mes chairs et rends-les obsédées de conscience, écartelées et frottées de tes doigts, de nos doigts, de ta bouche, de ton sexe sous nos yeux. J'ai la passion de toi.

Ma bouche et mes lèvres s'écartèrent pour livrer passage à son gland turgescent qui emplit ma bouche, me laissa son arôme et que je me mis à sucer avec délectation. J'adore! J'en éraflai la peau fine de mes dents douce morsure. Ma langue s'y promena à l'envi petits coups furtifs ou long léchage-succion en s'attardant dans le petit orifice qui me touchait tant lorsque je le regardais. Je pouvais le prendre totalement dans ma bouche tandis que mes ongles laqués s'enfonçaient doucement dans les parties restées en dehors de mes lèvres. Je sais que je sais sucer. Il ne m'a pas encore bien découverte sur ce plan... Je sais jouer de tout: mon regard, mes mots, mes gestes et mes superlatifs que je réserve pour le bouquet final. La note bleue à l'extrême maîtrisée car je sais aller au bout du début de la jouissance. Pouvoir de femme, preuve d'amour profond.

"Un geste sublime, qui me traverse l'esprit: tes beaux seins alourdis de désir, les pointes déjà raidies saillant de ta lingerie mauve, posés doucement sur mes paupières. J'en éprouve l'infinie douceur, le volume, tu sens mes cils battre sur les mamelons dressés, tu les saisis et les portes à mes lèvres, ils deviennent si gros qu'ils emplissent ma bouche qui les suce, et tu défailles de plaisir... Sur ma queue

démesurée par tes caresses et tes baisers, à l'endroit le plus sensible que tu as décelé, tu glisses le talon extrême de tes stilettos: pure beauté... Je le détache de tes pieds ombrés du gris raffiné de tes bas, le porte à ma bouche, en caresse délicatement les lèvres ouvertes, brillantes, brûlantes de ta féminité, et tu jouis à nouveau. Fantasmes? Oui, de ravissement esthétique et sensuel. Revendiqués. Et bientôt réalité, dans ce que tu as justement qualifié de "suprême volupté, le bonheur partagé". Qu'en dis-tu?"

Après une promenade rafraîchissante dans un parc avoisinant, arbres alcôves et bancs intimes, nos yeux exprimaient une mutuelle et perceptible convoitise. Une légère collation autochtone, des propos lourds d'émotion, le soleil joueur, le pas engaillardi et le regard architecture, nous nous dirigions vers ce qu'il avait toujours appelé à mon plus grand émerveillement "notre chambre"; je m'y appréhendais invitée, il me fit ainsi partenaire...

Ce qui se passa alors échappa à ma pleine conscience, "perdre la tête" une expression au sens des plus populaires dont j'eus l'expérience avec lui. J'aurai donc pour guidance son texte, puisque comme tous les autres jusque là formulés: son écrit prit vie.

Il a délicatement posé ses paupières sur mes seins... Talons aiguilles et bas fumés pour rester celle qu'il aime et nuisette de soie mauve, parure d'amour qui ombrait mon corps de teintes adoucies. Avec des gestes doux comme lui et coulés il fit lentement glisser les fines bretelles, éclairant de lumière de lune mes seins lourds et quémandeurs. Surprise, ses yeux, non son regard, s'y déposèrent et non plus ses lèvres gourmandes qui emprisonnaient et mouillaient avec tant d'art. Autre sens de plaisir aiguisé, j'en ressentis l'incroyable caresse et le geste sublime d'amour. La caresse de ses cils à nulle autre comparable m'ouvrit des chemins inconnus... Extrêmement excitée par l'effleurement insistant, je pris mes seins à pleines mains et les imposais à sa bouche, avide d'une sensation plus forte. Enfin sa bouche, sa langue si douce, sa salive qui détrempe et décuple mon plaisir. Je ne suis plus que mes seins qui alors grossissent d'importance. Semi évanouissement, je perdis les sens et presque conscience, je suis profondément amoureuse de tout, de lui et cela me vertige infiniment. Mais le plus extraordinaire était à venir, incroyable de sophistication sensuelle.

J'avais envie encore et encore de sucer son sexe. J'y frottai ma langue en titillant et dilatant l'endroit le plus sensible; et inattendu des plus inattendus il y porta mon talon aiguille, subreptice et geste furtif au symbole sexuel appuyé. Je me souviens du bruit que fit mon escarpin lorsqu'il le détacha de mon pied comme un chuintement délicat accompagné d'un sentiment de liberté non seulement pour mon pied mais aussi pour nos fantasmes...

Les yeux fermés et lascifs, je me laissais faire encore assez curieuse pour laisser quelques sens en éveil aigu... Écartelée en bordure du lit, un ressenti alors totalement inédit, composé à la fois de la dureté humide de mon talon aiguille qu'il avait au préalable sucé pour le rendre glissant, et de sensations d'une douceur infinie, naquit. La rigidité du cuir, dont je perçus l'effluve mêlé à l'odeur de la crème de ma chatte, et la tendreté de mes chairs intimes, unies en un mariage capiteux de contraires qui me distillait une jouissance des plus intenses.

Soudain le talon fut en moi, s'instituant pénis improvisé et brûlant de par mon désir interne. Je ressentis également la pression de ses doigts sur les lèvres de mon sexe refermant ainsi ("recousant" avait-il commenté) mon endroit le plus secret sur ce talon usurpateur, ce qui devait lui offrir une vision des plus excitantes et me fit jouir infiniment une seconde fois. Oh oui my love frotte ce talon rigide sur la partie la plus douce mon être et enfonce-le en moi et surtout ressens l'immense excitation du spectacle que nous nous offrons.

Suprême volupté nous avions raison... Jamais vécu cela auparavant.

Et pourtant lorsque je lus et relus et rerelus cet e-mail me dévoilant cette caresse qu'il inventa pour nous, si différent de tous les précédents qu'il me fit parvenir, j'étais incrédule et perplexe. D'un esprit très ouvert, je pouvais tout lire, tout comprendre et je pense que dans le cas présent ce que je compris, et pas de prime abord, fut que le sentiment inconfortable qui découla de ces lectures était nourri de curiosité et surtout je l'avoue, mais cela vint plus tardivement, d'une immense excitation. Ce sentiment qualifié d'inconfortable prit naissance en moi parce que je pris encore davantage conscience du fait qu'il me connaissait MIEUX que moi-même, et n'était pas du tout un sentiment de malaise dicté par de la pudeur comme j'aurais pu le penser au préalable.

Ou alors en y réfléchissant plus avant, sa connaissance parfaite de lui-même et de ses goûts et penchants épousaient en symbiose absolue les miens. Il ne cessait de me le dire...

"Qu'en dis-tu?" ayant alors un goût de clin d'œil complicité à la fois frivole et entendu après le sérieux du concept "suprême volupté, le bonheur partagé."

Qu'il eut absolument tout ce qu'il voulait je le concevais ainsi en ayant toutefois la certitude du mot fin des films, gardant à l'esprit et à l'âme son jeu de rôles, ses rôles du Je.

Je sais cependant avec certitude que nous pouvons aller encore bien plus loin dans notre relation épistolaire et sexuelle en passant par toutes autres formes de relations existant entre un homme et une femme, nous avons tout en mains.

Il existe deux sens au mot "vivre": l'un plumetis d'organdi mille et une nuits, l'autre dentifrice tasse de café journée de pluie. Il nous faut choisir ou plutôt savoir passer avec bonheur de l'un à l'autre.

Jean Renoir a écrit: "Les seules choses qui sont importantes dans la vie, sont celles dont on se souvient." "Inoubliables" m'avait-il dit, alors ... J'existe encore dans une vie de mille et une nuits et de pluie.

Mais surtout nous avons existé et nous existerons dans la ligne du temps absolu où ces moments de vie sont inscrits à tout jamais. Telle année, tel mois, tel jour, telle heure, telle minute, telle seconde à tel endroit, lui et moi, nous avons vécu ensemble des instants partagés que rien, ni personne ne peuvent modifier. Qu'ils restent ou non dans la mémoire peu importe, ils sont éternels dans l'univers... Et dans mon cœur.

Jour ultime

Il pensait me choquer parfois par ses propos... Me choquer, moi? Je pris alors la mesure de combien, malgré les échanges de plusieurs mois, il avait accordé peu de temps pour aller plus avant dans la découverte de l'amoureuse qui se cachait en moi. Il l'avait pressenti bien évidemment, mais n'était pas allé au bout du chemin.

Or, rien ne me rend plus vivante que le fait d'être désireuse physiquement et amoureuse intellectuellement, les deux étroitement mêlés pour réveiller le volcan insoupçonné qui trépigne au fond de moi.

Sens en alerte (tous) et sophistication, épicurienne au bout de l'accent aigu et des points sur les i et surtout intègre jusqu'au bout du cri. Jouir j'étais experte, faire jouir grande maestria. En amour je me veux exception. Il ne l'avait pas expérimenté: trop court. Savourer est synonyme de prendre le temps, rare denrée.

Alors oui ce dernier et troisième jour, j'allais le rendre inoubliable. Jamais il n'aurait eu entre les mains un alter ego sexuel de mon acabit.

Être vivante au bout des pointes de seins, du clitoris, des lèvres (absolument toutes), des doigts, des cils et de tous ces millimètres carrés de peau à exploiter douce pâmoison.

Fi de la soumission, aujourd'hui je dicte les règles.

Je veux une lumière tamisée qui ombre et irise les peaux ainsi que l'éclat de nos regards lorsqu'il me baisera. Lumière complice de l'œil. Effet voyeur...

Je veux des notes de musique heurtées et voluptueuses comme l'acte sexuel, mon auteur japonais préféré piano et instruments traditionnels: musique moderne très inattendue d'une sensualité à couper le souffle... Avec des pauses mutiques qui laissent la place aux mots éclosions de pensées érotiques et lubriques spécialement créés pour l'instant de nous.

Je veux à boire: du champagne et son alcool préféré pour qu'il me boive à même la peau. De la glace pour qu'il me suce froid et chaud. Des fraises partage de bouches et du thé pour une fellation qu'il n'oublierait jamais.

Je veux une sublimation de la caresse suggérée.

Je veux des draps de soie bordeaux qui électrise les peaux et en fait rejaillir l'éclat de blancheur.

Il existe autant d'hommes que de façons de baiser. Lui je le voulais au top niveau, au-delà de tout ce que j'avais pu connaître jusqu'alors. Je saurai le rendre fou et ivre de plaisir juste pour moi, pour en déguster les fruits.

Je veux le soir, la nuit naissante. Je le veux lui dans la chambre habillé avec beaucoup de soin et de recherche. Je veux les rideaux entr'ouverts sur la ville en contrebas et des gouttes de pluie délicatement accrochées aux carreaux.

Je veux être en tenue de ville moi comme souvent: talons hauts et chaussures sophistiquées, bas noirs dessins légers sur jambes galbées, mini-jupe daim noir et pull cachemire échancré en V, longues boucles d'oreilles, cheveux liberté, sourire ébauché et écharpe colorée.

Je veux me donner en spectacle, lui offrir un strip-tease que mes cours de danse africaine et de danse du ventre rendront mouvements voluptueux. Pure sensualité, juste me regarder.

Puis plonger dans mon bain chaud où lui habillé moi nue il me regardera comme la première fois qu'il découvrit mon corps. Ce regard me hante encore.

Je veux qu'il m'habille avec ces petites choses ultra-féminité, strip-tease à l'envers pour ressentir à contrario ses doigts sur ma peau.

Je veux qu'il ajuste mes bas, glisse mes sous-vêtements tout au long de ma chair. Avec maladresse peut-être, pour moi charme des plus subtils engendré.

Je veux qu'il me murmure tout ce qu'il va me faire mots osés, crus, tendres pour aiguillonner mon érotisme.

Et je pourrais alors lui dire là le pouvoir de ses mots, de ses caresses, de ses gestes d'amour et de sexe.

Lui dire que pour moi tout se fige, je ne suis plus que sensations, j'ai cette capacité de les ressentir à l'extrême. Un baiser est pour moi puissance mille par rapport à tout un chacun, une chacune. Je suis allée très loin dans la souffrance bénéfice et gain je vais tout aussi loin dans le plaisir et la jouissance.

Je veux une nuit au temps étiré, consacrée à l'Amour

tout le reste écarté.

Je veux des baisers infinis qui jouent avec nos langues et nos doigts.

Je veux du champagne partout sur mon corps pour qu'il le lèche avec délice rendant sa langue outil suprême pour ma jouissance. La brûlure de l'alcool sur mon sexe vite apaisée par ses onguents et fluides.

Je veux sucer son sexe plaisir indescriptible en alternant thé chaud et glace à la menthe afin qu'il ressente les limites extrêmes, en terminant par l'eau de ma bouche qui ne le laissera pas jouir.

Je veux des caresses inédites issues de son imagination fertile ou de ses vécus auxquelles je n'aurais jamais pensé. À lui d'inventer pour nos plaisirs, je serai poupée entre ses doigts prête à tout.

Je veux des morsures et des effleurements. Je veux les pointes de mes seins durcies dans sa bouche disparues et titillées. Je veux m'assoir sur sa bouche pour tout offrir à toutes ses fantaisies et voir ses yeux sur moi.

Je veux des mots et des mots. Je veux qu'il m'exige des choses et qu'il m'y amène avec force et douceur.

Je saurai lui en exiger aussi.

Je veux qu'il me comble, que je puisse lui décrire son sexe et son sperme en moi, qu'il comprenne mon plaisir et découvre les endroits propices.

Je veux pouvoir tout lui dire tout lui demander.

Je veux qu'il me dévore comme un feu, un livre, un mets, un film. Fusion totale juste pour une nuit. Inoubliable.

Ainsi fut-il fait.

Parfois il faut que je croie en la vie qui ne croit pas toujours en moi, puisque s'ensuivit une vie qui croît en moi… Miracle de la passion.

"Cosa mentale" comme on dirait chez moi, reprenant Leonardo… Pour créer il faut avant tout une émotion extrême qui chamboule l'âme et le corps; cette émotion prime sur toutes les autres contingences. Je suis une artiste, je sais ce qui engendre la créativité. Avec lui le terme passion prit sa dimension grandiose et tant pis s'il n'y croit pas. Moi je sais.

"Ce n'est pas parce que quelque chose est incroyable que cela n'arrive pas." Notre histoire et son issue reflètent parfaitement cette assertion énoncée par un célèbre écrivain. De fait, chaque fois que je m'en distille certains souvenirs sous forme d'images évocatrices et émouvantes, je dois comme me persuader que c'est réellement arrivé, que ma vie a pris cette tournure alors qu'absolument rien ne l'y prédisposait, si ce n'est un caprice de la destinée. Mais j'ai tant aimé le vivre!

Chapitre Analyse Sans surprise

L'analyse de mon expérience familiale et de mes expériences amoureuses me démontre que pour chacune d'entre elles, prévaut cet exact même schéma: l'engagement (mariage ou vie maritale) pris durant le jeune âge dicte le comportement à tenir et à maintenir tout au long de la vie tout spécialement lorsque des enfants sont impliqués. On devient alors amoral et indigne lorsque l'on souhaite s'écarter du chemin tout tracé. Le divorce existe soit, mais il est destructeur, laisse un goût de cendres et d'amertume, et surtout n'élude pas le moins du monde le fait que les enfants restent partage pour la vie entière. J'ai très rarement vu de couples gérer la situation en grande intelligence, trop de rancœur. Divorce, séparation réalisés, reste alors une seule issue: tout assumer à grands coups de sacrifices personnels ou devenir égoïste, difficile aux yeux des autres et surtout à ses propres yeux. Le sentiment de culpabilité que l'on s'inflige à soi-même a des dents de rongeurs très incisives et fait montre bien souvent d'arme fatale... Ceux qui manient et infligent le sentiment de culpabilité avec dextérité et arrière-pensées s'octroient une prise de pouvoir absolue sur la personne ciblée manipulant et dirigeant ainsi son comportement selon leur propre volonté sans trop qu'il y paraisse.

Je dénonce par ailleurs toutes ces fausses moralités dont on nous bassine depuis notre tendre enfance par le biais de contes on ne peut plus mystificateurs et de morale de convenance sur ce qu'est l'amour, le mariage pour la vie et leur exclusivité... "Le beau Prince Charmant fidèle et sans défauts." "Ils se marièrent et eurent beaucoup d'enfants..." Fin du conte, on évite subtilement la suite... Manipulation et donc mainmise résument ma pensée.

L'amour naît d'une attraction entre femelle/mâle, mâle/femelle afin de se livrer à ce que requiert la biologie. La procréation est l'unique moteur de l'acte sexuel, je parle bien entendu en un contexte basique, animal. Il est évident que la complexité cérébrale de l'être humain y broda maintes fioritures... Cependant il est indéniable que nous obéissons à des lois biologiques. L'amour permet de perdre la tête, d'idéaliser le partenaire afin de souhaiter sa présence auprès de soi pour toujours. Toujours, concept temporel qui dans son extrémisme fait qu'il n'est qu'utopie. Quelques années suffisent, juste assez pour que le nouvel être créé et tellement fragile à sa naissance qu'il nécessite deux adultes pour s'occuper de lui, devienne autonome. D'où cette imagerie populaire de la crise du couple la septième année, or sept ans, pour l'enfant, c'est l'âge du début de l'autonomie... Alors l'attention se porte ailleurs. Une autre conquête à féconder. Voilà pourquoi, la notion de couple pour la vie n'existe pas. L'amour revêt différents visages certes, mais la sexualité est maîtresse et dicte ses fantaisies. Alors la moralité s'en mêle et on tâche d'y surseoir en reniant une impulsion, pléonasme que je me permets: "naturelle" car j'entends ce terme scientifiquement.

Le contrat moral du mariage, du concubinage, du pacs (la multiplication de ces termes qui renvoient aux mêmes implications est la preuve même de notre errance en la matière pour se sortir d'un pacte que l'on ressent inapproprié désormais.) devient pour moi atteinte à la liberté individuelle lorsque l'un des partenaires ressent le besoin de s'en libérer. La pression sociale entrave encore plus ce désir d'envol vers la liberté. Trop "désordonnant". Bien que devant tant d'évidence: la relation de couple suit un chemin des plus difficiles, on s'incline et banalise séparation et famille recomposée. Ou on compose.

Je tiens l'évasion, la fuite devant l'abrupt monde du réel comme incontournable: le travail, les voyages, l'écriture, l'art, la religion, l'alcool, la drogue, la psychothérapie etc etc... autant de béquilles obsessionnelles qui tentent de redonner l'équilibre... et auxquelles on s'accroche et on se raccroche. On fonctionne en zones erronées, alors il faut bien trouver le vrai quelque part.

Je me permets de relater certaines de mes dernières expériences amoureuses car je me suis rendu compte qu'elles obéissent aux mêmes tenants et aboutissants et en deviennent donc banales et attendues sur ce plan, et uniquement ce plan, s'entend.

A. fuit, dans le travail et surtout dans la musique, une vie sentimentale très insatisfaisante qui curieusement retrace exactement les mêmes schémas stéréotypes que j'ai tant rencontrés: femme très dépressive qui consciemment ou non, tisse une cage avec le fil de la culpabilité qui au-delà de l'emprisonnement implique sa conséquence: la castration, gage suprême de fidélité imposée.

Malgré notre mutuelle forte attirance depuis bien longtemps et des sentiments dont il me fit part ouvertement A., après avoir goûté à la tentation et en avoir mesuré le danger, s'abîme dans son travail de cinéma et son amour de la musique. Il maîtrise d'une façon inégalée ce sujet tant il y consacre temps et intérêt. J'ai toujours de ses nouvelles de temps à autres car il ne m'oublie pas depuis toutes ces années.

On pense les hommes égoïstes: très vrai certes (mal nécessaire pour la protection de l'espèce de l'ordre du cerveau reptilien, mais je ne peux m'égarer sur ces sentiers de pensées dont cet écrit n'est pas l'objet.) cependant je trouve les femmes égocentriques, possessives et capables de tout, même de vilenie pour ne pas être délaissées moralement ou/et physiquement (autre comportement atavique et ancestral que j'aborde également dans cet autre ouvrage). Alors s'ensuit une partie d'échecs et souvent la dame en est victorieuse. Au-delà de l'amour, élevé en pinacle car noble sentiment, cependant je m'interroge: est-ce-que l'amour de l'autre déclamé (et de fait réclamé) ne se confond-t-il pas avec l'amour de soi impétueux et garantie de survie? Au-delà de l'amour donc érigé en dictateur que l'on ne peut ignorer, pointe l'angoisse d'avoir de la concurrence qui pourrait s'avérer dangereuse et dommageable d'abord pour l'image de soi: c'est une des multiples définitions de la jalousie impliquant un manque de confiance en soi, et surtout pour la perte d'un acquis qui a été défini immuable. Plus profondément l'angoisse de la perte de la sécurité et le fait d'assumer pleinement une solitude et un échec en ayant perdu ce que la société érige en but en soi: une vie de famille réussie (seul schéma offert et admis) qui se fond dans le paysage de la vie, et n'avoue pas ses défaillances.

J'évoque seulement mes expériences et mes observations personnelles et n'applique pas ces pensées de façon systématique, la relation homme-femme subissant actuellement une forte révolution orchestrée depuis de longues années déjà, mais lente à surmonter le tourbillon du changement.

T. fuit dans les voyages et refuse qu'un jeune enfant soit une entrave à la vie qu'il a choisi de mener mais, intelligemment, conscient de l'innocence de son fils, il pallie en lui accordant le plus possible de son temps libre. Malgré nos connivences, nos fous rires, notre entente sur de multiples plans, et aussi des sentiments, son temps libre n'est pas exhaustif car il court le monde caméra au poing et donc n'est pas souvent là... Il refuse d'être ligoté mais jongle avec un emploi du temps très stressant et une vie de famille décousue mais qu'on ne peut lui reprocher de nier totalement, même si parfois rejaillissent ces reproches aux relents de culpabilité et de rancœur-aigreur. J'ai toujours de ses nouvelles de chaque coin du monde et j'écris notre histoire. Je sais qu'il ne m'oublie pas.

Une question: leur est-il encore possible alors dans de telles circonstances d'éprouver des sentiments et du désir pour celle qui partage leur vie? Je pense sincèrement que oui après avoir eu maintes discussions.

Lui fuit dans les voyages pour de vrai ou en pensées, et le travail. Doté d'une grande intelligence du sentiment et d'une sexualité demandeuse et raffinée, il est donc assujetti à une sensibilité tout aussi extrême qui l'entraîne dans des confusions. Il reste être unique pour moi: seul un homme de son niveau et de sa sensibilité exceptionnels, a pu me mener à la satisfaction avérée de tous mes exigeants stimuli sur le plan sexuel et intellectuel.

Plus je relis ce qu'il m'a écrit et plus je repense à nos moments partagés, plus je m'enfonce dans une sorte de certitude qui me dit qu'il était sincère (baume cicatrisant? peu importe j'aime cette certitude)... et aussi qu'il attendait lors de notre rencontre que je lui dise "je t'aime" épine de rosier peur de l'énoncer: aucun avenir possible alors ne pas se piquer. Émotion des non-dits... Lui non plus n'a pas, lors de notre rencontre, effleuré le sentiment. Je ne fus qu'une petite bouffée d'air pur et un laisser-aller à sa nature sentimentale profonde, sorte de petite parenthèse pour rêver et concrétiser des pulsions enfouies.

Que voulait dire son dernier regard sur le seuil de la chambre de l'hôtel: "J'en suis désolé mais je suis obligé de t'abandonner là", là: adverbe incluant à la fois le lieu et le temps.

Pourtant:

"Oui, pour Lui je serai douce lumière et idylle idéale. Il viendra sur mon île aux allures enchanteresses et aux rivages, courbes voluptueuses, où naîtra l'osmose bleue.

J'ai comme un tatouage fait de deux lettres élégantes et une envie d'orgie de baisers.

Il n'est rien de meilleur dans ma vie que lorsque je sexe avec lui."

Je reste toujours persuadée que nous pouvons parfaitement nous aimer. Alors je m'en remets au destin. Cet écrit étant à la fois ma réplique et ma supplique. Il faut néanmoins qu'il sache:

"Je suis tatouage
Sublimé d'encrage
Dès que calligraphié
Rien ne peut m'effacer."

Ces derniers hommes de ma vie ont un point commun ils ont finalement privilégié la famille fondée, dussent-ils en pâtir dans leur vie affective et sexuelle qu'ils comblent ou non du mieux qu'ils peuvent en tâchant de tout dissimuler et de tout se dissimuler. Un roman me vient à l'esprit "Je l'aimais" d'Anna Gavalda.

Bien que mes demandes à leur égard soient légères et douces, ils ne prennent rien ou peu, aucun risque qui pourrait alors les entraîner vers des ennuis de toutes sortes et des plus désagréables vis à vis du monde et d'eux-mêmes. Ils perçoivent vite le danger que je représente car il est facile de m'aimer et aussi d'après leurs dires (je respecte leurs mots, mots pour mots...) je suis quant au sexe: "hyper-bandante, hallu totale, trop bon, exquise tentation incarnée, experte, si douce, si belle, incarnation du désir, plus je te fais l'amour plus je te veux, Liz ma tête, mon cœur et mon corps travaillent beaucoup pour toi." etc etc. Expressions que je cite intactes. Il faut garder à l'esprit les différentes générations et le français n'étant pas toujours la langue maternelle. Je suis danger, alors ils me fuient. Cruel paradoxe auquel je dois faire face et que je côtoie si bien...

Et puis pourquoi reproduire ce qui fut erreur une première fois. Au bout de quelques temps le résultat serait exactement le même car quoi de plus indomptable que le sentiment amoureux et que le désir, ils vous tombent dessus et vous abandonnent tout aussi soudainement, sans crier gare. Alors autant avoir une bonne conduite au sens moral sociétaire donc personnel par imprégnation, en préservant la famille, en ne bousculant absolument rien, et vivre ou non des petits moments de bons moments qui ne prêtent pas à conséquence. Parfaitement compréhensible et sensé. Cependant avec une autre ouverture d'esprit et façon d'appréhender l'amour et la possessivité, combien de drames pourraient être évités ou du moins adoucis. Il existe d'autres sociétés lointaines en tous points de vue certes (extrême Chine) basées sur le matriarcat et qui vivent en toute quiétude, car mœurs admises, le partage des partenaires. Auraient-elles compris et assimilé l'essence humaine mieux que nous?

Je paie très cher ma différence, mes différences, devant moi aussi me contenter de ces créneaux de bons moments accordés quand faire se peut. Je multiplie alors les expériences toujours avec la naïveté de l'espoir, en me rendant compte de leur formatage absolument identique. D'où leur vacuité désormais car j'en ai fait le tour, cela a comblé pour un temps ma nature aventureuse et mon besoin de découvrir pour comprendre et cela m'a révélé aussi ma réticence à l'engagement et ma crainte du définitif. Il est temps de passer à un autre niveau. Depuis lui, je me sens prête désormais pour un réel engagement.

Voudra-t-il un jour me suivre sur ces chemins? Je lui en fais la proposition car je sais par expérience que la vie ne repasse pas les plats deux fois... Carte de notre jeu que je lui remets, blanche, entre les mains. Je crois en une entente de tête et de sexe entre deux êtres, l'attirance irrationnelle et mystérieuse en étant les prémices et la gageure. Encore faut-il ne pas être piégé dans l'oubli de soi-même ou dans la spirale du renouveau constamment renouvelé.

Notre besoin mutuel d'une telle aventure me dit deux choses: nous nous ressemblons terriblement sur énormément de plans et nous en sommes au même point d'insatisfaction dans la vie: ces profonds amour et désir de l'amour et du désir n'étant pas du tout comblés alors que nous sommes faits tous les deux pour les honorer dignement. Voilà le point d'ancrage de notre irrésistible attraction qui au-delà du conscient s'est emparé de notre inconscient tant il était criant de manque similaire à combler, et entra en vibration lors de notre rencontre.

J'ai désormais l'explication de notre mutuelle et extrême attirance et je sais que je ne me trompe pas...

Je regrette les autres éventuelles rencontres qui eussent pu avoir lieu car je suis sûre de l'unicité et de la sublimation de l'expérience amoureuse et sexuelle que nous aurions pu vivre alors, connaissant quelque peu désormais de façon plus intime, nos corps, leurs grandeurs et leurs faiblesses. Il me l'a dit d'ailleurs: "As-tu noté que nous faisons de mieux en mieux l'amour?"

Autre fait, la biologie ne s'était pas trompé en nous choisissant, nous créâmes ce pour quoi nous sommes conçus. Bien difficile à appréhender compte-tenu des contextes mais pourtant véracité...

Avec le recul, je suis capable de dire aujourd'hui exactement quand cette union, on appelle cela scientifiquement "la fécondation" eut lieu. Je suis à l'écoute de moi et de mon moi profond tout comme je suis à l'écoute des autres… En attendant mon avion dont le départ fut différé suite à une tempête, je fus prise d'une sorte de bien-être-torpeur qui me conduisit à un ensommeilllement doux et bienveillant. Je me sentais parfaitement bien dans cet état de veille-sommeil que j'attribuais à nos actes d'amour, étant absolument très éloignée de ce qui se passait alors dans mon corps… Je remarquais néanmoins l'originalité de ces ressentis. Reflétant bien peu ma personne. Je suis toujours en état d'absolu contrôle surtout dans les lieux publics et ce quel que soit mon degré de fatigue… Mon profond instinct de survie…

"Combien je puis comprendre votre vertige narcissique, ce miroir que vous vous tendez, et partagez avec de rares élus! (au fait, pourquoi moi, qui contrairement à vous, doute fort de lui-même?) Vous me répondrez à nouveau, n'est-ce pas?"

Combien j'ai pu ressentir de souffrance dans cette non-acceptation de son apparence. Alors que j'admirais ses mains pleines de caractère et très belles, il eut la réflexion suivante: "C'est probablement ce que j'ai de mieux." Il me pinça le cœur. De même dans le lit il m'exprima combien il regrettait de ne pouvoir m'offrir qu'un corps ossu en face de rondeurs douces et confortables. J'avais envie de lui dire combien cela m'était égal et que tout ce qu'il m'offrait d'autre était tellement délectable. Cependant la conscience aiguë qu'il développait face à ces détails physiques témoignait d'une profonde et longue souffrance. Ne pas s'accepter physiquement doit être si difficile à vivre au quotidien. Mais pour moi il était beau et je sais qu'il se serait vu beau grâce à mes yeux. Je l'avais fait rire lorsque je lui avais dit qu'avec son physique il pouvait se permettre un habillement jeune et branché et je pensais sincèrement ce que je disais car autre point commun le vieillissement n'avait pas de prise sur nous; amour de l'amour sans doute... Je trouvais qu'il avait cette fraîcheur juvénile qui ne reflétait en rien son âge et se répercutait sur son physique. Rarissime. Il me plaisait beaucoup pour cela aussi.

Petit aparté juste pour lui: lorsque j'ai traduit en français tous ses écrits, textes rédigés juste au dessous des originaux pensés par sa plume et en anglais exprimés, je ressentis alors une chose étrange, les mots coulaient tout seuls car j'étais comme directement connectée à son cerveau, son esprit, ses pulsions, ses ressentis, ses émotions, son être entier, son sexe et son expression. Je pense ainsi n'avoir pas trop trahi le moindre de ses propos car le pont qui mène d'une langue à l'autre est parfois semé d'obstacles culturo-sémantiques. J'ai rarement fait appel au dictionnaire, juste pour mon besoin de sécurité perfectionniste qu'il a parfaitement su voir, donc qu'il comprendra.

L'analyse et l'expérience me font envie d'une relation à la fois basée sur une entente sexuelle et intellectuelle n'entraînant aucun dû et le moins de contraintes et compromis possibles. Relation qui respecte aussi l'essence de l'autre et le sens de son existence et de sa liberté. Profiter au maximum de l'instant présent en gardant à l'esprit que l'amour est capricieux. Faire preuve de partage absolu, de tolérance et de compréhension-compassion. Et je réitère de façon redondante et insistante ce paragraphe que j'ai déjà évoqué afin qu'il s'ancre profondément, comme pour mieux nous en convaincre tous les deux:

"Je sais que notre entente sera d'ordre intellectuel et sexuel tout en sophistication et en finesse, je sais que le regard nous suffira, je sais que nous sommes identiques et complémentaires, je sais que nous tirerons force et énergie l'un de l'autre, je sais qu'il saura m'apprivoiser et me faire sienne, je sais que même absents nous serons présents l'un à l'autre et que notre passé nous aura forgés debout pour notre avenir.

Pour lui je serai superlative et je saurai le combler et l'aimer."

Certes mes aventures s'avèrent sans suite et éphémères, mais elles eurent toutes à différents degrés cependant, un goût de passion, de plénitude, de partage et de grand plaisir. Je me refuse à vivre un médiocre chloroformé dans une vie de couple d'apparence. Du domaine du périlleux: donc peu d'amateurs et peu d'acrobates suffisamment bien entraînés et sûrs d'eux pour se lancer. Je ne me désespère pas cependant, la difficulté étant mon challenge, et j'attends mon acrobate qui me rattrapera au vol avant que je ne m'étoile et m'étiole dans le filet en contrebas...

Chapitre émotion pas d'amour-fiction

Tous ses/ces e-mails fleuve témoins de cinq mois de passion indomptée sont ceux que j'ai préférés, qui m'ont embrasé le sentiment, tangué le cœur, tyrannisé le sexe; je les livre dans ce dernier chapitre pour "m'en repaître encore et encore" (j'aime reprendre ses expressions qui se sont gravées en moi) tant ils furent uniques et beaux:

"You are the crazy irresistible impulsive kind, you know that. I love it, and your décolleté too, I admit. You CAN NOT blame me for that, can you? By the way, you're some sort of an artist, too. So am I.

What's next?"

"Vous êtes de la trempe des impulsives irrésistibles, vous le savez. J'aime ça, ainsi que votre poitrine, je l'admets. Vous NE POUVEZ pas m'en blâmer n'est-ce-pas? Par ailleurs, vous êtes aussi une artiste. Moi également.

Quelle est la suite?"

"You are "magnifique"! So singular and intriguing. I'll pack up a bunch of gentle words just for you. Almost forgot: you're the sexiest I can remember and dream of."

"Vous êtes "magnifique"! Si singulière et intrigante. Je vais composer une brassée de mots doux juste pour vous. J'oubliais presque: vous êtes la plus sexy dont je puisse me souvenir et à laquelle je puisse rêver."

"Lovely. I love you in black. And in white also. The first one is ever so sexy, the second ever so tender. This coming new day will be gentle..."

"Adorable. Je vous aime en noir. Et en blanc aussi. La première est très sexy, la seconde très tendre. Ce jour qui vient sera doux..."

"You wrote you wanted me to express my feelings and desires. I do so, since, in a way, I know you love it too. No claim to shock you. But what could be shocking provided it is sincere, deeply perceived and shared? With you, I feel free to write love words, and not ashamed at all to quote my admiration and dedication for your beauty. You are not your sole body: could you imagine I did not get the essence of your being? Could I plunge right into your heart and sex if I had nod captured the truth about Liz? You are a lover that has not been loved accordingly. "A delicate balance": do you remember this play by Edward Albee?"

"Tu as écrit que tu souhaitais que j'exprime mes sentiments et mes désirs. Je l'ai fait sachant que tu apprécies cela aussi. Aucune intention de te choquer. Qu'est-ce-qui pourrait être choquant à partir du moment où c'est sincère, profondément perçu et partagé? Avec toi je me sens libre d'écrire des mots d'amour, je n'ai pas honte de montrer mon admiration et ma consécration pour ta beauté. Tu n'es pas qu'un corps seulement: imagines-tu que je n'ai pas perçu l'essence de ton être? Pourrais-je plonger directement dans ton cœur et dans ton sexe si je n'avais pas percé à jour la véritable Liz. Tu es une amoureuse qui n'a jamais été aimée de façon appropriée. "A delicate balance" (un équilibre délicat): te souviens-tu de cette pièce d'Edward Albee?"

"Your sweetest kisses reached my inner self. I loved their taste, their depth, their unending wilderness and demand. They plunge into my throat, my spine, my heart, they drive my conscience to obsession. My body is set afire, my cock hurts, begging for your attention. Lovesickness."

"Tes plus doux baisers ont atteint mon moi profond. J'en ai aimé leur goût, leur profondeur, leur sauvagerie infinie et leur exigence. Ils ont pénétré ma gorge, ma colonne vertébrale, mon cœur, ils ont porté ma conscience à l'obsession. Mon corps est en feu, ma queue est douloureuse implorant ton attention. Malade d'amour."

"Tu es belle, de partout. Yours, all."

"Tu es lumière. Tu es la plus vivante et aussi la plus abstraite. Œuvre d'art et de chair. Hantise sublime."

"With you Liz, love is but a poem of words, of gestures, of thoughts. Not only does it bring together all our senses: it also upsets our grounds, making us tumble and swoon in an unknown world of feelings, where past and present mix up with dreams. .. appears as a beginning as well as a completion, an earthly vision of the utmost. At this moment, the hardest part of me enters the softest part of you, we think we're dying with pleasure. We are."

"Avec toi Liz, l'amour est un poème composé de mots, d'attentions, et de pensées. Non seulement il touche tous nos sens: mais il remue aussi nos ancrages, en nous bouleversant et en nous entraînant dans un monde de sentiments inconnus, où le passé et le présent se mêlent avec les rêves. Tosca apparaît à la fois comme un commencement et un achèvement, une vision de paradis terrestre magnifié. À cet instant-même mon endroit le plus dur entre dans la partie la plus douce de toi, nous croyons en mourir de plaisir. Il en est ainsi."

"A stormy, rainy day. The type of weather I like most. "Raindrops keep falling on my head": you remember the song. It's all wet, declining light, wet atmosphere. Landcsape blurred. Concentrated on my thoughts and dreams. The sexiest, the most dramatic visions I ever gave shelter to haunt my inspiration. I don't remind the way I looked at you, I just recall I could not prevent my eyes to focus on yours. Then, it all started, unless it was begun already but we had no conscience of it yet. Beyond ourselves, beyond our will and wish.What do you think."

"Un jour orageux et pluvieux. Le type de temps que je préfère. "Toute la pluie tombe sur moi": tu te rappelles de cette chanson. Tout est mouillé, la lumière décline et l'atmosphère est humide. Le paysage est flou. Je suis concentré sur mes pensées et mes rêves. Les plus sexy et les plus spectaculaires visions que je n'ai jamais hébergées en moi, hantent mon inspiration. Je ne me souviens pas de la façon dont je t'ai regardée, je me souviens simplement que je ne pouvais pas empêcher mes yeux de fixer les tiens. Puis tout a commencé, à moins que cela n'ait déjà commencé sans que nous en ayons eu conscience alors. Au-delà de nous-mêmes, au-delà de notre volonté et de notre désir. Qu'en penses-tu?"

"You fit my dreams, and I'm a dreamer. I want you."

"Tu combles mes rêves, et je suis un rêveur. Je te veux."

"Tu es merveilleuse. Je pose mes cils sur la pointe de tes seins. Écris-moi sexe amour."

"Carried along by the substantial task I assigned to myself. A very mind absorbing activity, implying concentration, silence, time elapsing. Then enters

Liz, in my mind, in my heart, in my body. My sex escapes from my control and conscience, grows so big and hard, mad with desire and passion, devastating and aching. I feel I would almost cry. Rescued by literature, and expectation: your next sexy message, our next wild reunion."

"Je poursuis la tâche que je me suis assigné. Une activité très absorbante qui requiert concentration, silence, et temps. Soudain Liz entre dans mon esprit, dans mon cœur, dans mon corps. Mon sexe échappe à mon contrôle et à ma conscience, devenant si gros et dur, fou de passion et de désir, dévastateur et douloureux. J'en ressens presque une envie de pleurer. Sauvé par la littérature et mes attentes: ton prochain message sexy, notre prochaine folle rencontre."

"Do not change in any respect, please! I love you the way you are, in every aspect. I hold your breasts to my lips, kiss and bite the nipples, cover them with shining fluid, stroke them with the rim of my demanding cock. Your long red painted nailed hand holds it, press if between your breasts, take it to your lips and tongue... I almost faint with delight. Would you?

I kiss your sweet lips, mingle our tongues, one of the most intimate love gestures, don't you think? (With many others I let you describe, unless we share this delightful task). The best, the sweetest, the hottest for you."

"Ne change en rien s'il te plaît! Je t'aime telle

que tu es, à tous égards. Je prends tes seins entre mes lèvres, embrasse et mords les mamelons, les couvre de brillantes sécrétions, et les caresse avec l'extrémité de ma queue exigeante. Tes longs ongles rouges s'en emparent, la glissent entre tes seins, la portent à tes lèvres et à ta langue... Je m'évanouis presque de délectation. Le voudrais-tu?

J'embrasse tes lèvres douces, mêle nos langues, un des gestes les plus intimes de l'amour, tu ne crois pas? (Avec tous les autres gestes que je te laisse décrire, à moins que nous ne partagions cette tâche délicieuse). Tout le meilleur, le plus doux, le plus ardent pour toi."

"Je reçois la force de ta tendresse. Tes photos extrêmes me tentent follement, je suis prêt à les recevoir, à les dévorer, à les adorer. Je t'embrasse - ce n'est pas le mot, étymologiquement -: je bois à ta bouche l'eau de vie."

"There is no difference in our feelings, based on an irresistible mutual attraction. I never ever thought I would write down anything like what I just sent you, because I never felt anything like it. Nor did you. When I think of your lips, the upper and the inner ones, I see them as a sacred piece of love I bring to my breath, to dig proper life out of them, my eyes closed, my heart pulsating, actually seeing the inside hidden essence of you, Liz."

"Il n'y a aucune différence dans nos sentiments,

basés sur une irrésistible et mutuelle attraction. Je n'ai jamais pensé écrire quelque chose ayant la teneur de ce que je viens juste de t'envoyer car je n'ai jamais rien ressenti de la sorte. Toi non plus. Lorsque je pense à tes lèvres, toutes, je les vois comme une œuvre d'amour sacrée que je porte à mon souffle, pour en tirer une vie propre, les yeux clos, le cœur battant, percevant l'intérieur de ton essence cachée, Liz."

"Mon essence cachée"... L'ordinateur eut le pouvoir de la lui révéler après nos regards hypnose. Alors je m'interroge: quel fut le rôle de ce fabuleux et diabolique outil? Une libération totale de nos rêves et fantasmes qui resteront ainsi définis à tout jamais à travers tous ces écrits poétiques, érotiques et tendres conçus en une solitude sécurisante à l'abri de l'écran, ou a contrario une révélation absolue de notre être profond de par ce biais mis à nu et criant de ce que nous voulons vivre et de ce que nous sommes vraiment... Rêves en ciel ou ancrages en terre. En synthèse notre relation technologiquement orchestrée, fut-elle vie de nos fantaisies ou de nos essences?... Ou des deux?... Richesse sublime.

Finale Sourire en clin d'œil Fin du recueil

Présentateur: Ève Winter vous signez là votre troisième roman, à vous lire on s'accorderait à dire qu'il ne s'agit pas à proprement parler d'un roman mais plutôt d'un récit autobiographique relatant une tranche de vie tout à fait personnelle, le confirmez-vous?

Ève: Je préfère en laisser le soin aux lecteurs, votre professionnalisme tend à le catégoriser parmi ce type d'ouvrages pourtant je l'ai souhaité inclassable. Le terme roman étant un terme générique qui le permet.

P: Pourriez-vous nous préciser ce qui vous a amené à user d'une idée de continuité contenue dans le premier petit mot du titre "et"? C'est pour le moins original. Peut-être pourriez-vous également nous commenter la teneur de ce titre?

È: Effectivement ce “et” en début de titre peut surprendre car cette conjonction de coordination par essence relie idées ou actions. J’ai voulu exprimer ainsi une logique de l’ordre des évènements titillant la curiosité du lecteur qui se demande ce qui est arrivé avant ce “et”. Par ailleurs, la rythmique et la rime de ce titre sont importantes, chaque mot étant composé d’une seule syllabe excepté le verbe “lovent” à dessein. Quant aux termes “peau” et “mot”, ils riment de façon accentuée car ils représentent toute la teneur de l’ouvrage.

P: De fait, la teneur de l’ouvrage est aussi originale puisqu’elle retrace en quelque sorte une histoire d’amour bien singulière une sorte de rencontre coup de foudre n’est-ce-pas, qui se concrétise par une découverte mutuelle grâce à la technologie: ces e-mails que vous nous livrez, et un rendez-vous de courte durée dans une chambre d’hôtel. On s’attend à un échange, or vous avez privilégié ses e-mails à lui, presque sous forme de monologue. Pourquoi frustrer le lecteur de ses envois à elle?

È: De façon à ce que le lecteur entre mieux dans la peau de mon personnage en ayant juste son regard à elle sur le déroulement de l’histoire. Mais je vous trouve injuste car je lui laisse une bonne part d’expression pour y épancher ses émotions.

P: C’est juste, on perçoit d’ailleurs une forte émotion sous-jacente qui se transforme peu à peu et qui transparaît tout au long du récit. Vous ne m'en voudrez pas, je l'espère, de préférer le terme récit?

È: Absolument pas, vous êtes vous même lecteur et pouvez opter pour ce que bon vous semble. Quant à l'émotion en effet je l'ai voulu très présente, perçue dans ses différentes formes. L'amour est un sentiment que je comparerais à un bonheur-du-jour ou plutôt à un semainier, vous savez ces commodes aux sept tiroirs.

P: Oui, je vois. De ces mêmes tiroirs d'où Liz la narratrice tire ses "parures d'amour" ainsi qualifiez vous sa lingerie.

Quant aux sentiments nous voilà effectivement entraînés sur plusieurs pentes, la preuve: cette valise qui s'exprime piètrement et de façon très drôle à la place de l'héroïne, beaucoup de jeux de mots que vous maniez avec dextérité, et qui en fait n'ont pour but que d'atténuer l'émotion d'une part mais de la rendre plus forte de l'autre car on comprend combien Liz est dépitée et déçue d'avoir été d'abord conviée, d'où la valise, à ces retrouvailles avec cet homme, qu'elle ne connaît que grâce aux échanges d'e-mails, qui va lui faire comprendre qu'il ne veut plus la recevoir, d'où la remise au placard de la valise. On entrevoit pourquoi ce brusque revirement mais vous n'abordez pas le sujet de plain pied, pourquoi?

È: Ce n'est pas un point important de l'histoire puisqu'elle partira rejoindre cet homme. Je mets en exergue le ressenti du personnage et non ce qui la prédispose à ces ressentis. Je cherche à entraîner le lecteur dans la même spirale exponentielle et multiple de ce qu'elle vit.

P: C'est réussi car on ressent bien ce crescendo dans la relation qui pourtant se trouve freinée et balisée par toutes ces émotions que l'on qualifie de négatives telles que le conflit, la jalousie et auxquelles cette relation inhabituelle n'échappera pas... Par ailleurs, votre avarice quant aux virgules précipite la lecture, je l'ai perçue comme voulue pour illustrer ce crescendo émotionnel n'est-ce-pas?

È: Oui, c'est par ce biais que je veux démontrer qu'une relation homme-femme sous une forme spécifique et spéciale se trouve toujours confrontée aux mêmes embûches et ne peut échapper à ce que nous connaissons tous dans notre vie quotidienne sous une forme plus conventionnelle. Quant à mon avarice, dites-vous, de reprise de souffle, vous avez vu juste, elle cherche à trahir l'émotif.

P: On comprend également combien l'écrit, ils communiquent peu oralement, est parfois supérieur à l'expression orale mais aussi combien la démarche en est plus lente et plus lourde, la compréhension n'ayant pas le support du regard, le tempo du souffle.

È: Leur relation est d'une part d'ordre virtuel, ils ne vivent pas, ils s'écrivent, mais leur but est de la rendre réelle malgré tous les obstacles car à un moment le facteur sexuel, qui ne se contente pas du virtuel du moins dans leur cas, va être prépondérant.

P: D'ailleurs, vous évoquez cette sexualité avec précision et les images et le vocabulaire sont très réels et ne se drapent ni s'encombrent de pudeur, tout est évoqué de manière je dirais crue, naturelle, et sans ambages. Alors que vous souhaitiez l'émotion en sourdine parfois.

È: Vous oubliez la poésie et l'art des mots. A l'évidence ils savent s'écrire et malgré le cru comme vous le dites, je me suis efforcée de faire passer également la sensibilité et le sensuel à fleur de peau.

P: J'allais y venir, vous m'avez devancé. La beauté de l'évocation sexuelle impudique n'est pas à nier. Les échanges sont vraiment sophistiqués dans leur structure et leur lexique.

On ressent beaucoup une plume d'écrivain avéré. Qu'en pensez-vous?

È: Quitte à paraître vaniteuse: que j'ai eu à ce point ce génie.

P: Ce roman, ce récit du moins... s'achève sur une déclaration d'amour pour le moins peu banale doublée d'une proposition on ne peut plus claire. Votre héroïne fait montre de culot, oserais-je dire, car une telle démarche est habituellement de l'ordre de l'intime et souvent masculine.

È: C'est très exact, cependant j'ai pensé mon héroïne ainsi que cette histoire, comme vous avez pu vous en rendre compte, absolument hors du commun dans ce qu'elles possèdent de vrai, d'intime et de pur au plus profond d'elles-mêmes; ce qui est, à mon sens, l'essence même d'un roman qui se lit avec un ressenti. J'y expose, et je choisis ce terme à dessein, la vie, une vie.

P: Une dernière question: pourquoi cet émaillage de termes musicaux?

È: Je suis Italienne et issue d'un milieu de musiciens, je souhaitais que cela transparaisse. Mais j'avais aussi dans l'idée de faire comprendre que leur histoire fut harmonique, mélodieuse et symphonique puisque les e-mails n'ont ni regard pour y refléter l'âme, ni oreilles pour s'enchanter des soupirs.

www.ingramcontent.com/pod-product-compliance
Lightning Source LLC
Chambersburg PA
CBHW070527100726
47907CB00004B/1021
* 9 7 8 1 5 8 7 9 0 6 9 4 7 *